KB265115

청년장사꾼

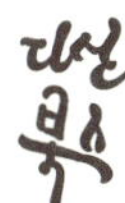

자본도, 기술도, 빽도 없지만 우리에겐 '장사정신'이 있다!

청년장사꾼

김윤규 + 청년장사꾼 지음

다산
북스

세상 모든 것이 '장사'다

처음 장사에 뛰어들었던 때가 떠오른다. 그때를 생각하면 지금까지 온 것만도 정말 감개무량한 일이다. 나는 학교를 휴학한 채로 '장사'의 길을 택했다. 다들 취업 걱정하며 스펙 쌓느라 난리인데, 나는 졸업도 취업도 뒷전이었으니 당연히 주위에서 걱정이 컸다.

"졸업은 해야 하지 않겠어?"

"대학까지 갔는데 기껏 하겠다는 게 왜 하필 장사냐?"

이런 말들이 줄곧 나를 따라다녔고, 본격적으로 '청년장사꾼'이라는 단체를 창업하고 나니 우려는 더 커졌다.

"장사로 사업이 정말 되겠어?"

"창업을 너무 만만하게 보는 거 아냐?"

취업보다 더 힘든 게 창업인데 치기로 덤벼든 건 아니냐는 곱지만은 않은 시선들도 있었던 게 사실이다.

하지만 '장사'는 내가 가장 잘할 수 있는 것이고 또 즐겁게 할 수 있는 일이라는 확신이 있었다. 그리고 '내 갈 길 정했으니 스스로 감동할 수 있을 때까지 최선을 다하자'는 마음으로 여기까지 왔다. 아마 그런 마음은 나뿐만이 아니라 우리 청년장사꾼 멤버들 모두 같은 마음일 것이다.

청년장사꾼에 관심을 가져주는 분들이 정말 많다. 그간 방송에도 몇 차례 소개됐고, 포털사이트 실시간 검색어 1위에 오르는 짜릿한 경험도 했다. 나에게 강연을 해달라고 요청해오는 곳도 부쩍 많아졌는데, 2014년 8월에는 「세상을 바꾸는 시간, 15분」이라는 방송 프로그램의 강연 무대에도 섰다. 내가 생각해도 이런 관심들이 놀랍고, 또 한편으로는 뿌듯하다.

2012년 1월 스타트를 끊은 청년장사꾼은 현재 연매출 20억을 훌쩍 넘기는 단체로 성장했다. 물론 성공했다고 말하기엔 아직 이르다. 세상의 잣대로 보자면 스물여덟인 나도, 청년장사꾼 멤버들도 모두 많이 젊고 어리다. 아직 한참 더 커야 할 풋내기라고 해도 틀린 말은 아닐 것이다.

맞다. 우리는 아직 가야 할 길이 창창한 청년들이다. 우리의 도전은 현재진행형에 있기 때문에 모든 가능성이 열려 있다. 숱한 시행착오를 앞으로도 겪을 테지만 그만큼 더 성장해나갈 수 있다는 비전과 포부도 있다.

　시대가 요구하는 인재상은 항상 바뀌어왔다. 얼마 전, 우연히 한 매거진에서 이와 관련된 글을 읽었는데 가슴에 너무 와 닿았다. 내용은 대략 다음과 같다.

　과거에는 개인의 능력이 생존과 직접적으로 연결된, 육체적인 것으로 대변되었다. 그다음에는 IQ, 지능이 중요시되는 시대로 변했다. 사람들은 똑똑해지기 위해 노력했고, IQ가 높은 사람은 뭐든 잘하는 사람이라고 생각했다. 그다음은 EQ, 감성지수의 시대로 변화했다. 자신의 감정을 이해하고, 제어하고, 다른 사람에게 공감할 수 있는 능력을 가진 사람이 인정받았다. 그럼 지금은?

　이제는 적응력, 환경에 빠르게 적응하는 사람이 인정받는 시대다. 꼭 인정받기 위해서만이 아니라, 어디에서도 살아남을 수 있는 적응력은 치열한 사회에서 꼭 필요한 능력이 되었다. 나는 적응력을 가장 잘 발휘할 수 있는 사람이 바로 '장사꾼'이라고 생각한다.

　장사꾼은 손님에 따라 다르게, 지역에 따라 다르게, 아이템에 따라 다르게 변할 수 있어야 한다. 어느 한 가지를 놓쳐서도 안 된다. 매장 하나를 오픈한 후에도 트렌드를 계속 체크해야 하고, 그에 맞는 장사를 해야 한다. 그런 점에서 보면 장사야말로 이 시대가 요구하는 능력, 즉 적응력을 제대로 키워주는 직업이 아닐까 싶다.

청년장사꾼은 장사를 하며 그런 '생존력'을 키우고 있다. 설령 우리 모두가 나중에 장사를 하지 않게 되더라도, 지금 이 장사를 통해 무엇이든 할 수 있는 '근력'을 쌓아나가고 있다고 생각한다.

세상 모든 것이 장사다. 어떤 사람들은 여전히 '장사'라는 단어를 떠올릴 때 안 좋은 선입견을 품곤 한다. '시장에서, 마트에서 물건 파는 일?'이라고 치부하기도 한다. 왜 장사는 천한 일이라고 생각하는 것일까? 미술관 큐레이터도 수백에서 수천만 원에 달하는 작품의 가치를 파는 장사꾼이고, 몇백 억씩 무역을 하는 사람들도 장사꾼이다. 따지고 보자면 이 세상에 장사가 아닌 것은 없다고 생각한다. 물건을 팔아 이익을 남기는 모든 일이 장사다. 잘 먹고 잘살기 위한 길은 결국다 '장사'로 만들어진다.

청년장사꾼은 그런 '장사'에 자부심을 가지고, 장사를 제대로 배우고 제대로 해보자는 마음으로 임하고 있다. 우리는 남들과 똑같은 장사는 지양한다. 뭐 하나라도 재미있게, 우리답게 하려고 노력하고 있다. 나아가 장사만 하는 게 아니라, 새로운 '장사 문화'를 만들어보자는 취지도 갖고 있다.

청년장사꾼은 토익, 학점 등을 쌓는 보통의 길이 아니라 사회에 뛰어들어 자신만의 필살기를 찾고자 하는 청년들이 모인 곳이다. 우리는 청년들에게 '이렇게 사는 친구들도 있구나, 이런 길도 있구나' 하는 대안적인 길을 보여주고 도와주는 장사꾼이 되고 싶다. 그래서 장사를 '교육'하는 일도 열심히 실천하고 있다. 또한 우리의 장사가 기반이 되어 지역이 활성화되는 일도 함께 고민하며 하나씩 실행에 옮기고 있다. "하나를 제대로 하기도 힘든데 참 이것저것 많이 한다"라고 하는 사람들도 있지만, 그래서 더 재밌다.

청년장사꾼이 하고 있는 다양한 활동들은 결국 시스템과 관계망을 만드는 일이다. 다양한 교육을 통해 진짜 장사꾼을 양성하고, 청년들의 약점을 연대를 통해 극복하고 있다. 차근차근 인프라를 쌓으며 낙후된 지역에 활력도 불어넣고, 함께 잘 먹고 잘사는 길을 만들어나가고 싶다.

청년장사꾼이 만들어진 지 이제 3년. 앞으로 우리가 어떤 형태의 장사를 더 하게 될지 아무도 모른다. 실패할 수도 있다. 그러나 우리는 아직 살아남아 있다. 그리고 지금까지 해온 것처럼 앞으로도 그럴 것이다. 청년장사꾼은 계속해서 우리의 적응력과 생존력을 시험하며 앞으로 나갈 것이다.

이 책을 어떻게 읽을지는 독자 분들의 몫이다. 장사를 시작하려는 사람들은 도움이 되는 걸 얻고 싶어서, 지금 장사를 하고 있는 사람들은 우리가 어떻게 장사하는지 궁금해서 집어 들었을 수도 있다. 또는 불안한 진로와 미래에 대한 고민을 하며 읽는 사람들도 있을 것이다. 어떻게 책을 읽어주시든 부디 우리의 '장사정신'이 독자의 삶에 긍정적인 영향을 주길 바라는 마음이다. '장사정신'은 뭐든 못 팔 게 없다는 정신이다. 가진 자본도, 기술도, 빽도 없지만 자신을 믿고 뭐든 부딪쳐보겠다는 정신이고, 남들은 무모한 일이라고 할지언정 스스로는 쉽게 포기하거나 타협하지 않는 정신이기도 하다. 청년장사꾼은 그런 장사정신을 품고 일하는 사람들이다. 그럼 이제 뜨거운 청년들의 이야기를 시작한다.

Part 1

크게 될 놈, 뭘 해도 될 놈!

_ '자력갱생'의 정신으로 시작하는 법

Part 2

매장의 크기는 Minor, 우리의 꿈은 Major
_ 안될 거란 편견을 깨고 장사로 돈 버는 법

Part 4

장사, 판을 바꾸는 청년들
_ 너, 나 그리고 우리 모두가 잘 먹고 잘사는 법

우리 열정은
180℃의 기름보다 뜨겁다

바람이 선선하니 날씨 좋은 금요일 저녁. 음식점들이 많이 모여 있는 경복궁 금천교시장 먹자골목에 들어선다. 골목은 꽤나 좁다. 좁은 골목 사이에는 음식점, 과일가게, 슈퍼, 야채가게 등 다양한 상점들이 있다. 바구니에 물건을 담아 놓고 손으로 가격을 써서 붙인 정겨운 모습들도 보인다. 길을 따라 더 들어가면, 큼직한 빨간 간판에 나무로 되어 있는 외관이 눈길을 잡아채는 가게가 있다.

청년장사꾼 감자집.

최대 4명 정도 앉을 수 있는 바 테이블과 6명 정도 수용할 수 있는 작은 홀을 가진, 5평 남짓한 협소한 매장이지만 이곳은 언제나 활기

가 넘치는 현장이다. 가게 안쪽에서는 쉴 새 없이 감자가 튀겨진다. 튀김기의 열기를 빨아들이는 덕트 위에 까만색 매직으로 써놓은 문구가 번쩍인다. '우리의 열정은 기름보다 뜨겁다!'

매장 바깥의 열기도 만만치 않다. 가게 오른쪽 공터에 펼쳐진 포장마차 같은 공간, '사랑채'와 '별채'라고 이름 붙인 천막 안에는 테이블이 꽉 들어차 있다. 직장 초년생들에서부터 나이 지긋하신 어르신들까지, 다양한 연령대의 손님들이 저마다 정답게 이야기 나누는 모습도 보인다.

매장 앞으로는 이미 긴 줄이 두 갈래로 나뉘어 늘어서 있다. 감자튀김 포장을 기다리는 손님들이 한 줄, 자리에 앉아 먹고 가려는 손님들이 또 한 줄.

"안녕하세요. 감자집입니다!"

"어, 친구! 요즘 시험기간이라 그런지 오랜만에 보는 것 같네! 포장은 금방 나와요~. 어떻게, 양념 미디움 하나?”

“여기 사랑채 3번에 500 두 잔, BK랜치 소스요!”

“두 분, 쇼핑백 드신 걸 보니 근처 미술관 갔다 오셨나 봐요~. 이번 전시 괜찮다던데 재밌게 보셨어요?”

우렁찬 매장 직원들의 목소리, 화기애애한 손님들의 목소리가 어우러져 북적북적 신명 나는 이곳. 여기가 바로, 우리의 ‘열정감자’가 시작된 곳, 청년장사꾼의 2호점 매장이다. 우리 매장 중 가장 바쁘고, 노동 강도도 센 곳이지만 동시에 제일 많은 사람들이 찾아주는 곳이고, 회전율도 매출도 제일 높은 매장이다.

청년장사꾼은 지금까지 13개의 매장을 오픈했다. 2호점이 있는 경복궁 금천교시장 골목에는 3호점 ‘열정꼬치’ 꼬치집과 5호점 ‘열정골뱅이’ 골뱅이집(뒤에서 이야기하겠지만 5호점에 담았던 우리의 ‘특별한’ 시도는 8호점~13호점으로 확장 이전됐다)이 이웃하여 터를 잡았고, 각각의 개성으로 손님들을 맞이한다. 그리고 또 다른 지역인 공덕동에 4호점 감자집, 그 인근 마포역 골목에 6호점 골뱅이집이 있다. 이 매장들 역시 각자의 역할들을 톡톡히 해내고 있다.

우리가 가장 처음 문을 열었던 1호점은 이태원 우사단마을에 있는 카페였다. 이슬람사원 앞에 위치한 그곳은 지금까지 청년장사꾼이 해온 모든 일들을 만들어낸 산실 같은 곳이다. 우여곡절을 거쳐 지금은 자리와 역할을 바꿔 카페 대신 본사 사무실로 승격(!)되었다. 우리는 이곳에서 앞으로 더 큰일을 내기 위한 궁리와 모색을 벌이고 있다.

그리고 7호점인 '감자집+부엌(그냥 감자집이 아니라 '부엌'이란 이름이 붙어 있는 것처럼, 이 매장도 새로운 실험과 도전으로 연 가게다. 이 역시 뒤에서 차차 이야기를 하겠다)'이 본사 사무실이 있는 이태원 우사단마을에 함께 인접해 있다.

마지막으로, 우리는 가장 최근(2014년 11월 25일)에 '열정도[島]'라는 이름을 붙여 6개의 매장을 용산구에 동시 오픈했다. 사람도, 가게도, 일터도 하나둘 떠나가고 있는 용산 원효로 1가, 고층 빌딩 사이에 섬처럼 둘러쌓인 곳, 바로 그 골목에 우리가 가진 열정을 쏟아 상권을 만들고 활성화시켜보자는 취지로 시작한 프로젝트다. 음식점 자체가 거의 없던 거리에, 우리는 남녀노소 누구나 즐길 수 있는 다양한 메뉴의 매장(밥집, 고깃집, 철판·와인집, 찜닭집 등)들로 꽉 채웠다.

'청년장사꾼'이라는 이름을 내걸고 장사판에 뛰어든 지 이제 3년. 성패를 논하기엔 짧은 기간일지 모르겠지만, 우리에게는 파란만장한 시간이다. 단언컨대, 우리는 쉽지 않은 도전들을 끊임없이 해왔고, 그 안에서 많은 것을 얻고 배우며 큰 결실과 성과를 내고 있다.

지금까지 이렇게 많은 성과를 낼 수 있었던 이유를 나에게서만 찾는다면 쉽게 답이 나오지 않을 것이다. 지금 청년장사꾼에는 서른 명이 넘는 든든한 식구들이 있고, 청년장사꾼의 힘과 비전은 바로 이 활력 넘치는 멤버들에게서 나오기 때문이다.

1호점 | 사원 앞 카페 벗 ••• 2호점 | 경복궁 감자집 ••• 3호점 | 경복궁 꼬치집

5호점 | 경복궁 골뱅이집 •••••••••• 4호점 | 공덕 감자집

6호점 | 마포 골뱅이집 ••••••••••• 7호점 | 이태원 감자집 + 부엌

열정도1 | 철인28호(철판요리) •••••• 열정도2 | 치킨사우나(찜닭)

열정도4 | 감자집(감자튀김) •••••••• 열정도3 | 판(백반집)

열정도5 | 열정도고깃집(삼겹살집) •••••••• 열정도6 | 아지트(캐주얼펍)

청년장사꾼을 시작하면서 가장 굳게 스스로 다짐했던 것이 바로 '남에게 기대지 말자, 자력갱생하자'였다. 누군가에게 기대고자 하는 마음, 그건 스스로를 나약하게 만드는 가장 안 좋은 약이라고 생각했다. 때로는 벼랑 끝으로 스스로를 바짝 몰아세우는 것도 필요하다. 그러면 집중력도, 절실함도 더 커진다. 해내지 못할 게 없다는 자신감이 생긴다. 자력갱생. 이 정신이 결국 우리가 판을 벌이고 일을 내기에 가장 필요한 조건이었다.

Part 1

크게 될 놈,
뭘 해도 될 놈!

· '자력갱생'의 정신으로 시작하는 법 ·

영업왕을 꿈꾸던
청년의 첫 발

어렸을 적 나는 그냥 지기 싫어하는 아이였다. 가족들은 대개가 공무원인 보수적인 가정이었는데, 그래서인지 나는 오히려 정해진 무언가에 늘 답답함을 느꼈던 것 같다. 승부욕도 유독 강했던 나는 학교에서도 늘 반장을 도맡으려는 욕심이 있었다. 사실 집에서는 금전적으로 부담이 되는 감투였다. 나는 사업하는 부모님을 둔 친한 친구들을 많이 부러워했다. 그 친구들은 늘 좋은 브랜드의 축구화를 신었고 더 근사해 보이는 비싼 옷을 입었다. 뭐든 나보다 더 좋은 것들을 갖고 있는 친구들이 나에게는 시샘의 대상이었는데, 지금 돌이켜보면 그때의 열등감이 남들과는 좀 다른 인생을 살게 만들었던 계기가 된 것 같다.

나는 안정적인 직업이라고들 말하는 공무원 말고 사업을 해야겠다고 생각했다. 중·고등학교 진학하면서도 돈을 잘 버는 직업을 목표로 삼았다. 그러다 고등학교 2학년 때 서울에서 대학을 다니는 형을 만난 후로 '인(in) 서울'을 꿈꿨다.

'서울은 대구보다 돈을 벌 수 있는 기회가 훨씬 많다, 돈을 벌려면 무조건 서울이다, 서울로 가자!'

지금 생각하면 우습기도 하지만, 어린 나에게는 확고한 목표가 생긴 것이다. 그때 이후로 나는 죽어라 열심히 공부했고, 결국 서울로 올라올 수 있었다. '죽어라 하면 되는구나!' 하는 그 느낌은 짜릿했다. 스무 살에 그 '맛'을 본 게 인생에서 목표를 정하고 그것을 달성하기 위해 달려가는 나의 에너지 원천이라고 해도 과언이 아닐 것이다.

대학에 입학한 나는 빨리 '돈' 되는 일을 하고 싶었다. 하지만 현실은 달랐다. 교양 과목을 들어도, 전공 공부를 해도 돈 버는 일은 멀게만 보였다. 그러다 전환점을 맞게 된 것은 여름 방학 때 가게 된 국토대장정에서였다. 2006년 뜨거운 여름을 서울에서 부산, 그리고 제주도의 아스팔트 위에서 보내며 나는 '진짜 내가 원하는 것이 무엇인가'에 대해 치열하게 고민했다. 그때 만난 사람들은 우물 안 개구리 같았던 내 시야를 틔워주었다. 그 이후로 나는 학교의 울타리를 벗어나 여러 강연회, 세미나, 컨퍼런스 등 내가 관심을 갖고 있는 주제를 쫓아 돌아다니며 '내 갈 길을 찾겠노라' 결심했다. MBTI를 비롯해 애니어그램, DiSC 등 여러 적성검사도 해보며 객관적으로 내가 어떤 성향을 가진 사람인지 파악도 했다. 결과는 모두 동일했다. 나는 외향적인 성격으로 '세일즈맨'이나 '사업가'와 잘 어울리는 사람이었다. 아닌 게 아니라 어렸을 때부터 "세일즈 참 잘하겠다"는 이야기를 곧잘 들었고, 많은 친구들을 몰고 다닌 대장 스타일이기도 했다. 나는 '영업! 이 길이 내 길이다'라는 확신을 굳혀갔다.

확신을 가졌으니 그때부터는 곧장 실행이었다. '영업'에 대한 책들을 찾아 읽기 시작했다. '영업을 잘하는 사람'을 만나기 위해 여러 강연도 찾아다녔다. 영업은 무엇인지, 영업을 잘하려면 무엇을 공부해야 하는지에 대해 파고들었고, 내 나름의 영업 계획까지 세웠다.

'경차, 소형차를 위주로 작은 차를 가장 많이 파는 자동차 영업사원이 되자. 그리고 이 사람들이 5년 뒤 중형으로 갈아탈 때는 중형차를 가장 많이 파는 영업사원, 다시 5년 뒤에는 대형차를 가장 많이 파는 사람이 되자. 그다음에는 쌓아놓은 고객 DB를 바탕으로 외제차를 판매하고, 외제차 중에서도 고급세단을 판매한 다음 마지막으로는 요트를 판매하자!' 이 얼마나 기가 막힌 아이디어인가! (청년장사꾼이 잘 안 되었더라면 분명 나는 위의 전략을 토대로 영업을 하지 않았을까 싶다.)

이렇게 영업에 대한 꿈을 키워가던 중 한번은 자동차 영업에서 이름을 날리고 있던 한 영업왕의 강연장을 찾은 적이 있다. 거기서 나는 손을 번쩍 들어 영업왕에게 질문을 했다.

"영업을 배우고 싶습니다. 가르쳐주십시오. 정말 열심히 하겠습니다.”

어린 학생의 목소리에서 절실함을 읽었는지 그분은 내게 성심성의
껏 답변을 해주었다.

“영업왕이 될 자질을 충분히 갖춘 친구라고 생각합니다. 그런데 아
직은 나이가 어린 것 같네요. 자동차는 10만 원, 100만 원짜리가 아
닙니다. 영업을 하기 전에 장사를 한번 해보는 건 어떨까요?”

나이가 어리다는 말에 반박하고 싶은 마음도 그 순간에는 잠시 들
었지만, 한참 생각해보니 틀린 말이 아니었다.

‘그래, 영업왕의 말이니 맞는 말이다. 내공을 쌓자. 장사를 한번 해
보자.’

이렇게 해서 나는 장사의 길로 접어들었고 지금까지 오게 되었다.

무작정 장사를 하려니 도대체 감이 오지 않았고, 계속 인터넷으로
검색하고 책만 읽는 것이 체질상 맞지도 않았다. 그래서 지금 가장 손
쉽게 사고 팔 수 있는 것이 무엇인지를 찾아 일단 부딪쳐보자는 생각
이 들었다.

2007년 3월, 나는 생애 첫 장사를 위해 거리로 나섰다. 날씨가 여전
히 쌀쌀하고 매서웠지만 봄이 온다는 기대에 얇은 봄옷을 입고 나들
이를 나서는 사람들을 심심찮게 볼 수 있었다. 그런 사람들에게 무릎
담요를 팔면 잘될 것 같았다. 아이디어가 떠올랐으니 곧장 동대문과
남대문에 가서 무릎담요의 종류와 가격부터 조사하기 시작했다. 그

러나 가장 저렴하게 구입할 수 있었던 곳은 역시 인터넷 사이트였다. 훨씬 예쁘고 종류도 많았다. 온라인을 통해 장당 990원씩 하는 무릎담요를 100장 주문했다. 그러고 나서 사람들이 나들이를 많이 가는 곳, 이벤트성 행사가 열리는 곳을 중심으로 장소를 물색했다.

최종 결정한 내 도전 장소는 상암 월드컵경기장. 서울 FC와 제주 유나이티드의 경기가 있던 날이었다. 나는 경기 시작 3시간 전에 무릎담요를 싸들고 상암으로 향했다. 지하철을 내려 에스컬레이터를 오르는데 마음이 설렜다. 2006년 독일 월드컵 때의 기억을 떠올리며, 열정적인 응원단들과 각종 먹을거리를 파는 노점상인들, 수많은 인파 속에서 신 나게 무릎담요를 팔게 될 내 모습을 상상했다.

하지만 막상 경기장 입구에 들어서니 상황은 내 상상과는 너무도 달랐다. 수많은 응원 인파나 장사꾼들은커녕 허허벌판 휑한 경기장에 나 혼자 덩그러니 있는 기분이었다. 엄청난 빅매치라고 생각했던 것이 큰 오산이었다. 나는 부끄러워 무릎담요를 꺼내놓지도 못한 채 경기장 주변만 두리번거렸다. 경기 시작 시간에 이르러서야 서포터즈들이 서서히 입장을 시작했다. 그것도 추위를 대비해 완전무장을 한 모습으로.

현실의 벽은 높았다. 그리고 나는 그때, 내 안에 '부끄러움'이라는 감정이 있다는 사실과도 처음 마주했다. 착잡했다. 결국 무릎담요 한 장 꺼내보지도 못하고 학교 기숙사로 돌아왔고, 마시지도 못하는 술을 들이켜고서야 겨우 잠들었다.

다음 날, 정신을 차린 나는 무엇이 문제였는지 분석하고 다시 도전해야겠다고 마음먹었다. 월드컵 거리 응원을 함께 했던 형에게 도움도 청했다. 형과 나는 공학도였지만 경영학과 교양 수업에서 어설프게 들었던 온갖 마케팅 기법과 지식을 총동원해 나름의 전략을 세웠다.

주요 전략은 이랬다. 첫째, 커플들을 공략하자. 둘째, 그중에서도 남자를 타깃으로 팔자! 우리가 던질 핵심 메시지도 정리했다.

"날씨가 추운데 그냥 경기장 들어갔다가 감기라도 걸리면 여자친구 약값, 죽 사줄 돈이 훨씬 더 나간다! 무릎담요는 1장에 3000원, 2장에 5000원!"

"골 넣고 흥분해서 벌떡 일어나다가 치마가 올라가면 난감할 테니, 여자친구 무릎 위에 담요를 덮어주는 것이 남자의 '센스'!"

그리고 일주일 뒤, 나는 명예회복을 다짐하며 국가대표 대항전이 열리는 상암으로 다시 나섰다. 국가대표 경기는 역시 달랐다. 많은 팬들과 장사꾼들이 모여 인산인해를 이루고 있었다. 어느 곳 할 것 없이 장사꾼이 진을 펴고 있었고, 경기장을 관리하는 분들을 피해 다니며 각자 영업에 열을 올리고 있었다.

'그래, 바로 이거야! 부끄러움은 넣어두고 얼굴에 철판을 깔자!'

준비했던 멘트를 목청껏 외치기 시작했다. 결과는? 대성공이었다. 나는 정확히 7분 36초 만에 무릎담요 '완판'이라는 기록까지 세웠다.

결국 해냈다는 사실이 너무 벅찼다. 도움을 줬던 형을 불러 기쁜 마음으로 경기 티켓을 끊고 축구까지 관람하고 나왔다. 물론 축구 보고 저녁까지 거하게 먹느라 번 돈을 하루 만에 거의 다 썼지만, 그날의 '생애 첫 장사' 그리고 '완판'의 경험은 절대 잊을 수 없는 강렬한 추억이 되었다. 장사를 하는 동안 힘들 때마다 떠올리게 되는 힘이 되었으니 말이다.

02

의기투합,
장사에 인생을 걸다

"돌다리도 두들겨보고 건너라"라는 속담이 있다. 매사에 신중을 기하라는 좋은 이야기다. 하지만 나는 사실 지나치게 신중하기보다는 일단 부딪쳐보는 것을 택한다. 건너다가 물에 빠지면 옷을 말리면 된다. 고민만 하다가 시작도 못 해보고 일을 접는 것보다는 과감하게 돌진해서 뭐라도 건지는 쪽이 결국은 남는 장사 아닌가!

나는 '무조건 부딪쳐보자'는 심정으로 무릎담요를 팔았고, 결국 많은 것(돈보다 더 큰 것!)을 남겼다. 일단 장사에 자신감이 생겼다. 자신감을 얻고 나니 장사로 성공할 수 있다는 확신도 커졌다. 장사의 재미를 제대로 맛본 셈이다.

그로부터 얼마 후, 나는 입대를 했다. 군대에서 내가 정말 많이 한 고민은 '앞으로 무엇으로 먹고살까?'에 대한 것이었다. 만화책도 잘 안 읽던 내가 책벌레 선임과 소대장님 덕에 나한테 도움이 되겠다 싶은 책들은 가리지 않고 읽기 시작했다. 지금에 와서 생각해보면, 그때 읽은 150여 권의 책들이 두고두고 많은 도움이 되었다. 책을 읽으며 장사와 비즈니스에 대한 마음을 더욱 키울 수 있었고, 전역 후에는 직접 몸으로 부딪치는 장사 경험을 더 많이 해봐야겠다는 결심을 굳혀갔다.

전역을 하자마자 나는 곧장 장사를 배울 수 있는 곳을 찾아 일을 시작했다. 야채가게에서 2년. 나는 그 시간 동안 정말 장사에 푹 빠져 지냈다. 뭐든 잘 팔 수 있다는 의지와 자신감을 쌓았고, 시간이 지날수록 장사에 탄력도 붙고 근력도 생겼다. 나는 차츰 '다음 단계'를 고민하기 시작했다. 경험을 밑천 삼아 누군가에 의지하지 않고 내 힘으로 뭔가를 시작해야겠다고 생각했다. 자립, 새로운 목표였다.

"어떻게 청년장사꾼이란 단체를 만들게 됐어요?"

지금까지 여기저기서 정말 많이 듣곤 했던 질문인데, 결국 '내 힘으로, 하고 싶은 일 하면서, 잘 먹고 잘사는 길 만들어보자'는 꿈에서 출발한 것이다. 당시 나를 가까이서 지켜보며 늘 나를 챙겨주고 지지해주던 멘토, 연석 형도 내 꿈에 뜻을 보태주었다. 평소 자주 만나 속생각을 털어놓으며 조언을 구하곤 했는데, 결국 형도 나와 함께 한 배를 탄 것이다. 친구끼리, 아는 사람끼리 동업은 절대 하지 말라고들 하지

만, 우리는 돈독히 의기투합했다.

김윤규 그리고 김연석. 지금까지 동업자로 잘해나가고 있는 우리의 인연은 꽤 특별하게 시작됐다. 처음 연석 형을 알게 된 것은 스무 살 때, 친구들과 떠난 생애 첫 배낭여행지 인도에서였다. 타지에 가면 한국 사람이 제일 반갑고 의지가 되는데, 신기하게도 여행 도중 무려 네 번이나 연석 형과 마주쳤다. 남들이 흔히 찾아가는 관광지 루트도 아니었는데, 가는 곳마다 마주쳤으니 이건 그냥 스치는 인연이 아니라고 생각했다. 그래서 마지막에 만났을 때 서로 연락처까지 주고받으며 한국에서도 꼭 만나자고 약속했다. 우리는 지금도 서로를 소개할 때, 전생에 부부였을지도 모른다며 농담 삼아 이야기한다. 이렇게 함께 갈 운명이었던 거다!

한국으로 돌아와서 나는 계속 연석 형에게 연락을 하며 자주 만났다. 나보다 다섯 살이 많은 형은 늘 내게 도움이 될 조언들을 많이 해줬다. 좋은 인문학 책들도 읽으라며 많이 권해줬는데, 내가 군대에 있던 시절 면회를 올 때도 두꺼운 서양철학사 책을 선물로 들고 온 사람이다. 어느새 형은 내가 의지하는 멘토가 돼 있었고, 뭔가 결정을 내려야 할 때마다 물어보는 사람 1순위였다.

연석 형은 나와는 기질적으로 다른 사람이다. 내가 행동이 앞서는 사람이라면, 형은 생각이 깊은 사람이다. 건축을 전공한 형은 특히 지역에 대한 관심이 많았다. 내가 한창 장사에 대한 관심을 키워갈 때, 형은 지역문화 기획자로 일하고 있었다.

우리의 관심사는 '시장'에서 맞물렸다. 형은 어렸을 때부터 시장이 친숙했다고 한다. 부모님이 시장에서 종일 장사를 하셨기 때문에 시장은 형의 놀이터와 다름없는 곳이었다. 형은 시장에서 장사하는 상인들을 존경했고, 상인들을 돕고 시장을 살리는 일을 삶의 일부처럼 생각했다. 문화기획자로 일하면서도 시장 활성화를 위한 활동에 열심이었다.

우리는 서로의 꿈과 일에 대한 이야기를 꾸준히 나눴고, 우리의 결론은 자연스레 '장사'로 귀결됐다.

"형, 나는 장사가 체질에 맞는 것 같아요. 내가 장사해보면서 깨달은 게 있다면, 진짜 좋아하는 일을 할 때는 가슴 밑바닥에서 힘이 솟는다는 거. 그리고 장사는 내가 열심히 한 만큼, 딱 그만큼의 결과가 나온다는 거. 나는 내가 하고 싶은 장사, 진짜 재미나게 하고 싶어요. 장사로 다함께 잘 먹고 잘사는 길 만들고, 사회적으로 도움이 되는 가치도 만들어내고 싶고요."

"장사 잘해서 시장도 살리고 지역도 활성화시킬 수 있으면 정말 좋겠네. 나도 요즘 고민이 되는 게, 책상에 앉아서 지역문화를 고민하고 있는 게 맞는 건지 잘 모르겠다. 현장이랑 책상은 거리가 너무 먼 것 같고."

"형, 우리 같이 장사해요. 그냥 장사 말고, 재미난 장사. 우리만의 장사문화 한번 만들어봐요!"

이게 청년장사꾼의 시작이다. 확실히 우리가 인연은 인연인 게, 서로 다른 기질 덕에 사업을 끌어가는 데 있어 서로에게 부족한 면을 절묘하게 잘 채워가고 있다. 추진력이 지나치게 앞서는 나의 뒤에서 심사숙고의 과정을 대신 해주는 것이 연석 형이고, '고(go)'하는 게 정말 맞는 건지 결단을 못 내리고 고민할 때 연석이 형을 끌고 가는 건 내 몫이다. 그리고 그런 우리 둘을 밀어주는 동력, 청년장사꾼 멤버들! 장사에 인생을 건 우리의 의기투합은 이 모두의 힘이 모여 열심히 순항 중이다.

03

경험이 없으면
경험을 만들자, '실전 경험'을

나와 연석 형의 의기투합에 3명의 친구들이 힘을 보태 '청년장사꾼'은 첫 발을 뗐다. 사실 나를 제외하면 '장사'라고는 한 번도 해본 적 없는 사람들이다. 그런 우리가 근거 없는 자신감만 가지고 장사를 하겠다고 덤볐으니, 참 당돌하고 무모한 거 아니냐고 말할 법도 하다.

우리에게는 매장을 오픈할 돈이 당연히 없었다. 그렇다고 대출부터 받거나 돈을 빌려 매장부터 내기에는 위험 요소가 컸다. 무턱대고 매장을 내느니 그 전에 '연습'을 하기로 했다. 노점을 하면서 장사 연습도 하고, 그렇게 번 돈은 매장을 오픈하는 데 쓸 수 있으니 일석이조다. 무엇보다, 우리에겐 경험이 없으니 그렇게라도 경험을 만드는 것이 필요하다고 생각했다. 그것도 실전 경험으로!

2012년 1월 1일(이날은 우리의 창립기념일이 되었다) 새해 첫날, 청년 장사꾼의 첫 번째 노점 프로젝트도 포문을 열었다.

첫 프로젝트인 만큼 우리는 의미 있는 장사를 기획하고 싶었고, 새해 첫날을 멋진 성공과 함께 시작하고 싶었다. 1월 1일을 디데이(D-day)로 정하고, 한 달 전부터 조사와 준비에 들어갔다. 그날 가장 '핫'할 수 있는 아이템은 무엇일지, 어느 장소에서 판을 벌이는 게 가장 좋을지, 어떤 판매 전략이 가장 먹힐 수 있을지 등 머리를 맞대 아이디어를 모았다.

우리가 결정한 장소는 새해 첫날 10만 명이 찾는다는 해돋이 명소, 포항 호미곶. 판매 아이템은 뜨거운 손난로. 그리고 고심 끝에 정한 첫 프로젝트의 타이틀은 '난로 팔아 대학 가자!'

손난로 팔아 학비를 마련하는 청년들이란 발상이었는데, 연석 형을 빼면 전부 학생 신분이었던 우리가 호소할 수 있는 메시지로는 '딱'이었다. 전자전기공학부 출신 멤버 3명이 손을 모아 '청년장사꾼'이라고 쓴 LED 간판까지 제작하고 나니, 뭐든 못 팔 게 없을 듯 의욕이 솟았다. 우리는 다 팔지 못하면 뼈를 묻겠다는 마음을 단단히 장착하고 포항 호미곶으로 향했다.

새해 전날 새벽 일찍 출발한 우리는 오전 10시경 호미곶에 도착했다. 부랴부랴 가져간 각종 물품들을 들고 판을 벌일 준비를 한 후 해돋이 행사가 진행될 광장으로 이동했다. 그곳에는 벌써부터 경험 많은 베테랑 노점 장사꾼들이 자리를 펴고 장사가 한창이었다. 초짜들이 비집고 들어갈 틈을 찾아 여기저기 기웃거리던 우리는 미역을 펼쳐놓고 파시는 할머니의 배려로 자리를 마련해 무사히 노점을 펼쳤다. '난로 팔아 대학 가자'라고 쓴 플래카드도 걸었다.

드디어 야심차게 준비한 첫 번째 장사가 시작됐다. 영하 10도를 오르내리는 매서운 날씨였지만, 젊음의 열정과 패기를 보여주겠단 각오로 우리는 반팔차림으로 판매에 나섰다. 마음은 이미 최고의 거상이나 다름없었다.

그러나 실제로는 아직 보부상에 불과했던 우리들. 의욕적으로 지나가는 사람들에게 다가가 손난로를 팔며 '이 맛에 장사하는구나!' 느꼈던 것도 잠시, 팔리는 속도가 생각보다 너무 더뎠다. 두 시간쯤 지났을까? 반팔 차림인 우리의 체력은 빠르게 소진되어갔다. 이대로는 안 되겠다는 생각이 들었다. 나는 무대가 펼쳐진 행사장에 올라가 품바와 함께 트로트를 부르며 춤을 추기 시작했다. 그리고 노래 한 곡을

뽑아내고 깨알 같은 홍보까지 하고 나서야 무대에서 내려왔다.

날은 어느덧 어스름해지기 시작했다. 두 시간이면 다 팔 줄 알았던 손난로는 쉽게 줄지 않고 여전히 수북하게 쌓여 있었다. 일단 허기진 배도 채우고 추위에 떨며 바닥난 체력도 보충한 후에, 밤을 새는 손님들을 다시 공략하기로 했다. 삼각 김밥에 라면을 사 먹고, 대책을 세우기 위해 연석이 형과 광장 안의 상황을 좀 둘러보았다.

우리 손난로가 안 팔리는 이유가 있었다. 광장과 접해 있는 위치에 모 통신회사에서 운영하는 부스가 있었는데, 그곳에서 손난로를 무상으로 나눠주고 있었던 거다. 창업한 첫날부터 대기업 공세의 쓴맛을 보았다.

고민이 됐다. 계속해야 하는가, 아니면 이쯤에서 접어야 할까. 시간은 계속 흘렀고 방문객들은 점점 더 많아졌지만, 방한대비를 완벽하게 하고서 우리 앞을 지나는 방문객들의 손에는 저마다 뜨끈뜨끈한 손난로가 열을 발하고 있었다. '실패……'라는 두 글자가 머릿속을 스쳤고, '포기……'라는 말이 입 안을 맴돌았다. '정말 이렇게 허무하게 청년장사꾼의 첫 프로젝트가 끝나고 마는 것일까……?'

그럴 수는 없었다. 장사는 실패할 수 있지만, 첫 프로젝트는 실패로 마무리할 수 없었다. 뭐라도 해야 했다. 쉽게 포기하지 않는다는 청년장사꾼의 정신만큼은 보여줘야 했다.

'손난로를 못 팔았으면 열정이라도 팔아야 한다!'

나는 '꼬리잡기' 이벤트를 제안했다. 호미곶을 찾은 사람들과 즐겁게 한판 놀아보자 싶었다. 너도 나도 꼬리에 꼬리를 물고 한데 어우러져 신 나게 새해를 맞이하자는 의미였다. 연석 형은 반신반의했다. 지난해를 반성하고, 돌아오는 새해를 다짐하는 진지함이 묻어나는 행사에서 '과연 그게 될까?' 하며 걱정했다. 그래도 나는 밀어붙였다.

바람은 더욱 거세지고 기온은 점점 더 낮아졌다. "꼬리잡기합시다!"라고 외치며 분위기를 띄운 지 10여 분. 처음에는 미동도 않던 사람들이 쳐다보며 관심을 보이기 시작했다. 우리는 더 열정적으로 사람들을 모으려고 뛰어다녔다. 우리의 진심이 닿았는지 한 명 두 명 꼬리잡기에 참여하기 시작했다. 그리고 잠시 후, 놀라운 광경이 펼쳐졌다.

70여 명의 사람들이 꼬리에 꼬리를 물고 호미곶을 누비고 있었다. 포항 시장님도 하이파이브를 하며 응원해주셨다. 어느 덧 우리가 둘러싼 곳이 호미곶 메인 행사보다 더 큰 판이 되어 있었다. 우리는 큰 원을 만들어 강강술래도 하고 지나가는 사람들과 신 나게 하이파이브도 했다. 반팔을 입고 있었지만 땀이 났다. 우리는 꼭 불타오르는 사람들처럼 연기를 뿜어내고 있었다. 가슴이 벅찼다. 앞으로의 가능성과 힘이 느껴졌다. 안될 것이 뻔한 싸움에 뛰어들고 거기서 부딪치며 극복해내는 것, 이게 청년장사꾼이 보여주고자 하는 우리의 '맨 파워'다.

장사는 실패했어도 첫 번째 프로젝트는 대성공이었다. 돌아가는 차 안에는 팔다 남은 손난로가 여전히 가득해서 무거웠지만, 마음만은 가볍고 상쾌했다. 추위 속에서 맹렬히 싸웠던 탓에 며칠 감기로 고생도 했지만, 이날은 지금까지 청년장사꾼 활동을 통틀어 가장 기억에

남는 하루가 되었다.

 그건 그렇고, 남은 손난로는? 버리기도, 다시 팔기도 애매한 손난로를 가지고 우리는 명동으로 나섰다. '섹시청춘 명동어택'이라는 또 다른 프로젝트를 기획한 것. 첫 번째 프로젝트에서 열정을 팔았다면, 이번에는 '열정을 나누어 드립니다!'라는 이벤트였다. 명동에서 장사를 하는 분들에게 응원의 메시지를 전하며 손난로를 나눠줬고, 명동 한복판에서 플래시몹 등 다양한 행사도 선보였다.

 자, 열정을 열심히 외쳤으니 이제 장사로 수익을 올려야 할 때가 왔다. 나는 상암 월드컵경기장에서 무릎담요를 팔았던 초심을 떠올렸다. 그래서 멤버들을 이끌고 다시 상암으로 향했다. 이번엔 '오~ 필승 장사꾼!' 프로젝트다.

 한파가 여전했던 2월, 월드컵 예선 경기가 한창 치러지고 있었다.

나의 첫 장사 때에 비하면, 다섯 명이 뭉친 우린 제법 그럴싸했다. 유니폼도 단체로 맞춰 입고 '청년장사꾼' LED 간판도 들고선 화기애애한 분위기 속에서 무릎담요를 팔았다. 남들에게 구호를 외치며 장사를 하는 게 더 이상 부끄럽지 않았다. 공원을 관리하는 분들이 와서 호각을 불러도 우린 당황하지 않고 자리를 조금씩 옮겨 장사를 계속했다. 파이팅이 넘치는 장사였고, 신 나게 매출도 올렸다.

기세를 몰아 우리는 이후로도 매월 프로젝트를 연이어 기획해 진행했다. 1호점을 본격적으로 오픈하기 전까지, 장사와 문화를 결합시킨 다양한 활동들을 펼쳤고 '우리가 청년장사꾼이다'라고 마음껏 외쳤다. 노숙자들의 자활을 돕는 잡지 '빅이슈'와 연계해 홍보를 펼쳤던 '떼빅돔 프로젝트(이때 청년장사꾼의 이름이 처음으로 SBS 방송에도 나가며 세상에 우리의 존재를 알렸다)', 그리고 미국 북부에서 진행된 SNS를 통한 지역상권 활성화 운동인 '캐쉬몹(하루 한 매장에서 일정 금액 이상의 소비를 해주는 활동)'을 벤치마킹한 이벤트로 전통시장에 활기를 불어넣기 위한 '캐쉬몹 프로젝트'도 서울 남문시장과 춘천 중앙시장에서 진

행했다. 강원도 평창에서 열리는 마을축제 '감자꽃 봄소풍' 현장에 출동해 레모네이드를 팔기도 했고, 국내에서 가장 오래된 락페스티벌인 '쌈지 사운드 페스티벌'의 푸드 초이스 부스에 '컵밥' 판매로 참여해 가장 먼저 완판을 이룬 기록도 세웠다.

우리는 이렇게 '자력갱생(自力更生)'의 길을 닦았다. 청년장사꾼을 시작하면서 가장 굳게 스스로 다짐했던 것이 바로 '남에게 기대지 말자, 자력갱생하자'였다. 누군가에게 기대고자 하는 마음, 그건 스스로를 나약하게 만드는 가장 안 좋은 약이라고 생각했다. 때로는 벼랑 끝으로 스스로를 바짝 몰아세우는 것도 필요하다. 그러면 집중력도, 절실함도 더 커진다. 해내지 못할 게 없다는 자신감이 생긴다. 자력갱생, 이 정신이 결국 우리가 판을 벌이고 일을 내기에 가장 필요한 조건이었다.

노점 프로젝트는 결과적으로 우리에게는 더 없이 좋은 도전의 기회이자 홍보의 발판이 되었다. 안으로는 멤버들끼리 함께 의지를 다질 수 있는 기반이 되었고, 밖으로는 "생각 있는 젊은이들"이라는 호의적인 관심도 얻을 수 있었던 시간이었다. 우리는 이렇게 착실히 쌓은 경험을 첫 매장, 청년장사꾼 1호점을 여는 데 응집시키기 시작했다.

04

최대 약점은 자본,
최대 강점은 시간

2012년 여름, '1호점' 오픈 목표를 8월로 잡고 본격적인 준비에 들어갔다. 첫 번째 과제는 매장 위치와 아이템 선정. 흔히 말하는 '상권 분석'은 제대로 배운 적도, 해본 적도 없었지만 우리만의 방법으로 장소와 아이템을 물색했다.

우리의 최대 약점은 '자본'이었다. 아무리 장사 경험을 쌓으며 돈을 벌어봤어도 노점과 매장은 차원이 다르다. 나는 부모님 몰래 전세금을 빼 월세로 방을 옮기고(월세방은 이후 우리의 합숙소가 되었다) 사업 밑천을 마련했다. 사업 밑천이라고는 하지만 정말 소자본 중에 소자본이다. 여유는 금물이었다.

그럼 이제 이 상황에서 우리가 취할 수 있는 방법은? 강점은 살리고 약점을 최소화하기! 우리가 최대로 투자할 수 있는 자원은 '시간'이었다. 그러므로 최대한 많은 시간을 들이고 발품을 팔아서 최소 자본으로 창업할 수 있는 자리를 찾아내는 것. 그리고 바로 그 자리에서 성공할 수 있는 가장 적합한 아이템을 선택하는 것. 이것이 우리의 선택지였다.

첫 매장 때부터 지금까지, 자리를 선정하는 기준은 두 가지다. 월세가 저렴할 것. 하지만 메인상권에서 멀지 않을 것. 월세가 저렴한 곳이라면 장사가 잘되는 메인상권은 아니다. 하지만 메인상권은 못 되더라도, 메인상권의 유동인구를 유입시킬 수 있는 인근이어야 한다. 우리는 바로 그런 자리를 찾기 위해 서울 곳곳을 동분서주했다.

하루는 연석 형의 지인이 이태원에 있는 이슬람사원 근처에 가게를 오픈했다고 해서 시장조사를 겸해 찾았다. 이야기를 들어보니 주변에 월세 싼 곳이 꽤 있다고 했다. 이태원 메인상권과도 멀지 않은 데다가 주변에 아티스트들, 관광객들도 많은 위치라서 딱 우리가 찾던 그림이었다. 당장 근처 부동산부터 찾았다. 마침 이슬람사원 정문 바로 앞에 급하게 빠진 자리가 나왔다며 부동산 사장님이 우리를 안내했다. 이태원역에서 걸어서 10분이 채 안 되는 거리였고, 삼거리 모퉁이에 자리해 있어 위치도 좋았다. 무엇보다 보증금 1000에 월세가 40이라니 이건 100퍼센트 '고!' 해야 하는 자리였다. 고민하다 놓칠세라 바로 다음 날 계약서에 도장을 찍었다(이때 권리금이 1500만 원이었는데, 당시에는 이 금액이 얼마나 말도 안 되게 높은 거였는지도 몰랐다).

자리를 확정지었으니 다음은 아이템을 결정해야 했다.

장소 물색을 하는 동안 나와 멤버들은 매일같이 아이템 조사도 했다. 유행하는 품목을 조사하며 가능한 선택 대안을 추렸다. 사실 자리가 확정되기 전까지만 해도, 우리가 가장 먼저 제외시킨 아이템은 커피였다. 카페는 커피 머신 및 설비 등 초기 투자비용이 많이 드는 반면 수익은 빨리 나지 않는다고 판단했다. 커피는 한 사람이 서너 잔 마시는 게 아닌데, 한 잔의 가격도 높은 게 아니라서 매출이 크게 나올 수가 없었다.

우리가 가장 우선적으로 생각했던 아이템은 술집이었다. 일단, 맥주 기계나 보관하는 냉장 설비 등은 주류 업체를 통해 제공받거나 빌릴 수 있었다. 그리고 보통 사람들은 맥주 한 잔으로 끝내지 않고, 많게는 대여섯 잔도 마신다. 카페와 비교하면 확연한 차이였다.

그러나 이런 사전 조사에도 불구하고, 1호점 자리는 술집 오픈으로는 절대 답이 나오지 않는 곳이었다. 여러 방안을 강구해봤지만 그 자리는 '테이크아웃 커피 전문점'이 최선의 답이었다. 공간은 4평 남짓. 바로 코앞에 이슬람사원이 있어서 오가는 외국인들도 많을 것이고 인근에 사는 아티스트들도 꽤 있다.

카페로 방향을 정했다. 내심 지역문화를 만들고 활성화시켜보자는 뜻도 갖고 있었기에 아예 우리 카페를 동네 아티스트나 주민들도 쉽게 찾을 수 있는 사랑방 같은 커뮤니티 공간으로 만들어보자고 의견을 모았다.

1호점 카페 이름을 정하는 데도 며칠을 고민했다. 우리끼리 아이디어를 모으고 짜내다 마지막에는 SNS의 힘도 빌렸다. 페이스북에 우리가 생각한 3가지 안을 올려놓고 사람들에게 투표를 해달라고 한 것이다.

여러분께 부탁 하나 드리겠습니다!

현재 청년장사꾼 매장 1호점 오픈을 준비 중에 있습니다. 매장은 이태원에 있는 한국이슬람중앙회 사원 바로 앞. 바로 맞은 편, 완전 코앞.
저희 1호 매장은 이태원 도깨비시장길을 활성화시키기 위한 전진기지라고 생각하시면 될 것 같고 CAFE 느낌의 매장이 될 듯합니다. 여러분께 도움을 구하는 부분은 매장에서 가장 중요한 이름, 네이밍!
조언도 구하고, 함께 만들어가고 싶은 마음으로 이렇게 부탁을 드립니다.

1. 벗
한글로 '친구'의 뜻. 영어로는 BUD(새싹, 꽃 봉우리) 라는 뜻.

2. 사원 앞 커피
이슬람사원 앞에 있는 카페라는 의미. 돌직구 스타일의 이름.

3. 비사이드 beside
영어로 '옆에, 곁에'라는 뜻. 이슬람문화와의 근접성을 의미. 아랍어로 '사이드'라는 말이 '기쁨, 즐거움'의 의미도 있다고 함.

투표 결과는 1번과 2번의 박빙 끝에 1번이 가장 많은 표를 받았다. 최종 결정을 내리기 전에 마지막으로 전문가의 의견도 들어보자는 마음으로 메타브랜딩의 박항기 대표님에게 조언을 구했다(박항기 대표님은 강연으로 인연을 맺게 되었는데 지금도 사업을 하며 막히는 것이 있으면 많이 여쭤보는 멘토님이다).

박 대표님은 그냥 '벗'도 좋지만, 그것만으로는 장소적 특정성이 느껴지지 않아서 아쉽다고 했다. '벗'은 어떤 지역에서든, 어떤 가게에서든 쓸 수 있는 이름이라는 의미. 그래서 우리는 '그' 장소라는 의미를 얹어 '사원 앞 카페, 벗'이라는 이름으로 최종 결정했다. 역시, 모를 때는 물어보는 게 상책이다. 누구에게? 전문가에게!

'사원 앞 카페, 벗'의 로고를 만들면서는 한글로 벗, 그 옆에 bud, 그리고 البذور라는 아랍어도 같이 썼다. البذور는 seed(씨앗)의 의미로, bud와 비슷한 뜻이고 발음도 비슷했다(우리가 자연스레 따라 하긴 비록 어려웠지만).

이제 그다음 착수해야 할 과제는, 매장 인테리어와 공사. 이 역시

가진 자원 안에서 최대의 효과를 내야 했다. 인테리어 업체에 맡기려면 비용이 너무 많이 들기 때문에 기본적인 공사는 직접 하기로 했다. 하지만 디자인에서 시공까지, 잘 모르는 부분들이 있기 때문에 전체적으로 우리를 가이드해줄 수 있을 만한 전문가는 필요했다. 연석 형이 지인에게 도움을 청했고, 정말 말도 안 되게 저렴한 가격으로 공사를 시작할 수 있었다.

머신이나 설비 문제도 연석 형이 앞장서 해결했다. 우리가 지금도 매장 오픈을 준비할 때 드나드는 곳은 시장이다. 황학동 시장에는 중고 주방용품, 가구, 국내 집기가 많고, 남대문시장에는 수입 집기와 식기류가 있다. 발품을 팔아 시장을 돌아다니며 가게마다 가격을 비교해보고 흔히 쓰는 용어로 '쇼부[勝負]'를 본다. 아무래도 이건 연석 형의 전문 분야다. 흥정의 달인, 김연석 선생은 만져보고 두들겨보고 뒤집어보며 꼼꼼하게 체크한다. 형은 커피 머신을 비롯해 각종 물품 들을 중고로 매우 저렴한 가격에, 그럼에도 꽤 쓸 만한 녀석들로 잘 골라왔다.

메뉴를 정하고 커피를 만드는 일에 관해서는 카페에서 오래 일한 경험이 있는 멤버, 성용이가 도맡아줬다. 관건은 메뉴에 이름을 붙이 는 일이었다. 그냥 아메리카노, 카페라떼 이렇게 메뉴를 구성하는 것 보다 우리만의 개성을 살려 차별화를 해보자는 의견이 나왔고, 우리 는 또 머리를 맞대 신 나게 아이디어를 모았다.

그리하여 최종 결정된 메뉴 이름은 카페 이름 '벗'을 활용하면서 각 음료의 특성을 살리는 것으로 정했다. 에스프레소는 양이 적으니까 '소심한 친구', 아메리카노는 제일 많이 마시니까 '단짝 친구', 카페라 떼는 우유가 들어가서 부드러우니까 '순한 친구', 그린티라떼는 초록 색이니까 '외계인 친구', 100% 사과주스는 '건강한 친구' 등등.

이렇게 지은 이름 덕은 정말 톡톡히 봤다. 카페가 알려지는 데 숨은 공신 역할을 해준 게 바로 메뉴판이었으니까. 카페를 방문하는 손님 들은 메뉴판을 보고 재미있다며 사진을 찍어 SNS에 올려주곤 했다(홍 보는 이렇게 고객이 은연중에 하는 것이 베스트다!).

'가진 돈은 없는 대신, 가진 시간을 투여해 손과 발, 머리와 마음을 총동원한다. 활용할 수 있는 주변 자원은 적극적으로 활용한다.' 이것

50

이 가진 것 없는 우리가 장사를 시작하는 최선의, 그리고 최고의 방법
이었다.

05

시행착오, 그러나
몸으로 배운 교훈은 잊지 않는다

그해 여름은 유독 뜨거웠다. 어느 하루도 일이 안 터지는 날이 없었다. 시행착오. 처음 시작하는 사람들에게는 어김없이 찾아오는 과정이다. 우리는 특히나 하나부터 열까지, 우리 손으로 직접 해나가자는 주의였기 때문에 더 그랬을지도 모른다.

1호점 카페 공사가 본격적으로 시작됐을 때부터 만만치 않은 여정이 이어졌다. 에어컨도 없는 현장에서 우리는 땀을 뻘뻘 흘려가며 벽지를 뜯어냈다. 얼마나 오래된 건지 뜯어도 뜯어도 끝이 보이지 않아 탈진 상태에 이를 쯤, 쉽게 벽지를 뜯을 수 있는 방법을 발견했다. 우연히 벽에 물을 뿌렸는데 종이가 물을 먹고 불어서 정말 쉽게 뜯어졌던 거다. 매장 공사를 직접 진행하는 우리에겐 몸으로 부딪쳐본 끝에

금쪽같은 노하우를 얻은 셈이다(이후 2호점 공사 때부터 우리는 물부터 뿌리고 시작한다).

사실, 진짜 난관은 공사가 아니었다. 계획에 차질을 빚게 한 문제는 예상치 못했던 곳에서 터졌다.

우리는 1호점 매장과 동시에 2호점 매장까지 함께 준비해서 거의 동시에 연달아 오픈을 하겠다는 계획을 갖고 있었다. 앞에서도 언급했듯이, 장사와 함께 지역 활성화도 이끌어보자는 비전이 있었기 때문에 1호점과 가까이 있는 자리에 연달아 매장들을 오픈하면 시너지와 파급 효과를 만들어낼 수 있겠다 싶었다. 이태원 이슬람사원 쪽 위치가 더 마음에 들었던 이유 중 하나도, 아직 상권이 활성화된 곳은 아니지만 부동산에 나와 있는 매물이 많아서 우리가 여러 매장을 연달아 내며 공략할 기회가 더 많겠다는 계산이 있어서였다. 그래서 1호점 매장 계약이 완료된 이후 계속해서 근처에 있는 자리들을 알아보며 가늠을 하던 중이었다.

그중 한 자리가 마음에 들었다. 1호점 매장에서 1분도 안 걸리는 거리였고, 이슬람사원이 있는 곳에서 길을 꺾으면 간판이 딱 보이는 각도에 있었다. 부동산 사장님께 계약하겠다는 의사를 전해놓고 집주인의 연락을 기다렸다.

그러나 조급해지는 마음과 달리, 계약 진행은 답답하기만 했다. 집주인은 외국에 있어 연락이 안 닿았고, 주인 대신 아들과 이야기를 했는데 그마저도 잘 풀리지 않았다. 가게가 재개발 지역에 묶여 있어서 계약을 하려면 집주인의 인감을 받아야 하는 복잡한 상황이었다. 내 내 상황이 진전되기를 기다리던 우리는 결국 계약이 불가하다는 통보를 받았다. 1호점 오픈 목표일자는 점점 다가오는데, 2호점이 될 마땅한 자리는 쉽게 우리에게 다가와주지 않았다. 결국 우리가 생각했던 그림, '1호점 오픈, 빵!' 그리고 곧바로 '2호점 오픈, 빵!' 하는 계획은 날아가버렸다.

2호점을 어떻게 해야 할지 대책회의를 했다. 모든 게 계획한 대로 술술 풀리는 게 아니었다. 그렇다고 고민만 하고 앉아 있을 수도 없었다. 고민만 하다 보면 앞으로 나아갈 수가 없다. 먼저 결정을 내리고, 그 결정이 옳은 것이 되도록 최선을 다해볼 수밖에 없다. 시간을 선택하는 데에 쓸 게 아니라, 선택한 것이 최선이 되도록 하는 데 써야 했다.

일단 1호점 공사는 하던 대로 계속 진행해서 먼저 오픈을 하기로 했다. 그리고 2호점 오픈이 지연되는 만큼 매출을 올리는 일도 지연이 되니, 조금이라도 돈을 더 벌 수 있는 방법을 강구해봤다.

이태원 한남동 쪽에는 오피스가 많으니까 카페를 열기 전 아침 시간에 직장인들을 대상으로 아침거리가 될 만한 것들을 팔 수 있을 것 같았다. 몸에 좋은 즙, 샌드위치, 주먹밥, 샐러드 등 품목을 알아봤고, 한남동에 있는 제일기획에서 근무하는 친구에게 설문조사도 부탁했다. 하지만 아쉬운 답장이 돌아왔다. 제일기획은 워낙 복지가 잘돼 있어 직원들이 아침거리를 딱히 필요로 하지 않는다는 거였다.

그렇다면 또 다른 방법은? 돈을 벌기 위한 우리의 궁리는 계속됐다. 멤버 5명의 월급을 마련하려면 단돈 1만 원도 아쉬운 상황이었다. 당장 생존하는 것이 급했기 때문에 우리가 할 수 있는 것이 있다면 다 달려들 태세였다.

그래도 다행히 1호점 공사는 비교적 순조롭게 계획한 일정대로 진행이 되었다. 물론, 돈을 아끼기 위한 노력은 더 절실했지만 말이다. 총 공사기간은 2주. 낑낑 대면서 페인트칠, 니스칠도 직접 하고, 카페에서 쓸 선반의 앵글도 직접 사서 만들었다. 전자전기공학부 출신 멤버들이 나서서 전기 배선도 직접 했다. 그때 우리는 정말 '최소 비용'을 입에 달고 살았다.

하지만 전기 배선 공사를 직접 했던 건 무리수였다. 전기 공사하는 분이 우리가 해놓은 걸 보고 하는 말씀.

"이렇게 하면 불난다……."

결국 다시 배선 공사를 해주셨다(돈, 아무리 아껴 써도 꼭 써야 할 때는 있는 법이다). 정말 이 즈음에 우리에게는 하루하루가 교훈의 날들이

었다.

그리고 찾아온 D−1! 카페 오픈을 하루 앞두고 커피 머신 세팅, 각종 기물들 배치, 오픈 때 필요한 사항 등을 최종 점검했다. 청소도 깨끗이 마쳤다. 하루 종일 굶으며 분주하게 준비를 마친 우리는 함께 고기를 먹으며 오픈 전날의 설렘을 나눴다.

그리고 카페로 돌아와 커피 메뉴를 한 잔씩 만들어 마셨다. 그런데…… 커피가 맛이 없었다.

‘어, 이게 아닌데?’

이날 우리는 정말 물배가 터지도록 밤새 커피를 마셨다. 만들고 맛보고, 또 다시 만들고 맛보고를 반복하며 “이 정도면 OK!”라고 말할 수 있을 때까지.

드디어 결전의 날이 밝았다. 흰 셔츠에 나비넥타이. 깔끔하게 유니폼도 딱 차려입고 다섯 명이 모였다. 돼지머리 대신 돼지저금통을 놓고 고사도 지냈고, 떡도 돌렸다. 날씨가 엄청 더운 날이었지만 우리는 셔츠가 다 젖도록 돌아다니며 주변 상인 분들에게 인사를 했다.

첫 매장을 오픈한다고 친구들, 지인들도 정말 많이 찾아줬다.

“윤규야! 돈 많이 벌어서 형 택시 한 대 뽑아줘라. 그날부턴 니가 형해라!”

센스 있는 문구가 적힌 화환도 잊지 못할 추억이다.

그날은 정말 동네가 떠들썩할 만큼 분위기가 좋았다. 나는 흥에 겨워 구매력이 있는 지인들에게 단가가 제일 높은 메뉴를 권하며 팔아

명함을 넣어주세요 :)
사무관료 카페 벗 . 청춘창사금
규아! 돈많이 벌어서 형 택시한데 뽑아줘라
그날같던 니가 형 해라! ㅡ 북극곰

달라고 넉살도 실컷 부렸다.

오후 내내 열심히 장사를 하고, 친구들까지 다 보낸 뒤 마감 정산을 했다. 지인들의 방문이 워낙 많았기 때문에 어느 정도 예상했던 매출이었다.

'지인들 방문이 늘 오늘처럼 많지는 않을 텐데…….'

앞으로 어떻게 헤쳐갈지가 중요했다. 위생, 인사 등 첫날 장사를 하며 고쳐야 할 사항들도 많이 보였다. 더 필요한 물품도 많았다. 다 같이 모여 마무리 회의를 하고 하루를 마감했다.

"윤규야, 힘내라."

지인들의 목소리가 귓가에 맴돌았다. 그런데 그 '힘내라'라는 말이 나는 왠지 마음에 더 걸렸다. '와, 역시 다르네!'라는 느낌이라기보다는 '에휴, 어떡하냐'라는 우려가 담긴 것만 같았기 때문이다.

카페 오픈 바로 다음 날은 이슬람문화권의 큰 축제 중 하나인 라마

단이 끝나는 날이었다. 라마단은 여름 한 달을 신성한 달로 여기고, 해가 떠 있을 때는 금식을 하며 날마다 다섯 번의 기도를 드리는 시기다. 카페 오픈 전부터 친해진 몇몇 외국인들한테서 라마단이 끝나는 날은 이슬람교를 믿는 신자들이 전국에서 이곳으로 다 모이는 엄청난 축제라고 들었다.

우리는 일찌감치 오픈 준비를 서둘러 시작했다. 정말 아침부터 사람들이 끝도 없이 이슬람사원으로 들어갔다. '대체 저 안이 얼마나 크기에 이렇게 많은 사람들이 들어갈 수 있는 걸까?' 싶을 정도였다. 사원으로 향하는 길에는 푸드트럭에서 케밥을 파는 외국인들도 몇 명 자리를 잡았다. 예배가 끝나는 시간이 되자, 이슬람사원에서 물밀듯이 사람들이 내려오기 시작했다. 이슬람사원 앞이 사람들로 꽉 차서 교통이 마비될 정도였다.

'이슬람사원 바로 앞에 우리 카페가 있으니 내려오는 길에 당연히 커피를 사 마시는 사람들도 많겠지?'

그러나 한껏 부풀었던 우리의 마음은 금세 당혹감으로 바뀌었다.

그렇게 많은 사람들이 내려왔지만, 우리 카페 안으로 들어오지는 않았다. 사원 안쪽에서 우유와 빵을 이미 나눠주고 있었던 거다.

지인들의 방문은 시간이 갈수록 줄어들었고, 주민이나 관광객들의 구매만으로는 목표 매출을 도저히 채울 수가 없었다. 이 조그만 카페에 다섯 명의 입이 달려 있는데…….

카페를 오픈하고 일주일이 지났다. 더 이상 이대로 있을 수는 없었다.

06

재도전!
꽃미남 출격 대기 중

"카페만으로는 어려워."

진단은 빨리 내려야 한다. 그래야 길을 모색할 수 있다.

1월부터 모여 8월까지, 우리는 잘 달려왔다. 7개월 만에 급정거를 할 수는 없었다. 카페에는 최소 인원만 남기로 하고, 나머지는 당장 2호점 매장을 오픈할 자리와 아이템을 찾아 나섰다. 부족한 자본은 연석 형이 개인대출을 받아 보탰다. 카페 매출은 최대한 끌어올릴 수 있도록 전력투구하되, 그다음 스텝으로 넘어갈 준비를 시작했다.

여기저기 수소문하던 중 알고 지내던 가게 사장님이 좋은 위치가 있다며 소개를 해주셨다. 경복궁역 2번 출구 바로 앞에 있는 금천교 시장, '세종마을 음식문화거리'라고 적힌 먹자골목이었다. 좁은 그 골목 안에는 오랫동안 장사를 해온 가게들이 많았다. 그리고 무엇보다 중요했던 건, 사람이 정말 많이 다닌다는 사실이다.

나는 아침이고 저녁이고 계속 골목 한 귀퉁이에 앉아 사람들이 얼마나 지나다니는지, 어떤 사람들이 주로 지나다니는지 유심히 지켜봤다. 시장 골목을 따라 올라가면 배화여자 중학교, 고등학교, 대학교가 있어서 학생들이 많이 다녔고 주변에서 회사를 다니는 직장인들도 점심이나 저녁을 먹으러 많이 찾았다.

확실히 이태원 이슬람사원 앞과는 비교가 안 될 정도로 유동인구가 많았다. 게다가 가게 뒤편으로 이어진 '서촌'도 꿈틀대고 있었다. 서촌은 경복궁 서쪽과 인왕산 동쪽 사이에 있는 청운효자동과 사직동을 일컫는 지명이다. 북촌이 서촌보다 먼저 관광객들에게 알려지고 뜨기 시작했는데, 서촌은 북촌보다 좀 더 아기자기한 맛이 있었고 구경할 만한 다정스런 가게들이 많았다.

제일 매력적이었던 것 중 하나는 월세가 엄청 저렴했다는 점이다. 물론, 월세가 저렴한 만큼 매장의 크기도 엄청 작았다. 4평 남짓했던 카페보다도 약간 더 작았다. 하지만 장점이 있었다. 가게 바로 옆에 여유 공간이 있다는 점이었다. 통로부터 주차장까지 테이블을 깔 수 있으니 매장 안은 협소해도 승산이 있겠다는 생각이 들었다.

"연석 형, 해볼 만한데요?"

곧장 계약했다. 마음먹고 나서는 일사천리. 누구도 따라올 수 없는 추진력이었다. 우리는 그만큼 절실했다. 마지막 기회라고 생각했다.

'그래, 가보자 한번! 올인이다.'

자리를 정했으니, 이제 아이템에 승부를 걸어야 한다. 방향은 1호점을 준비하면서도 가장 염두에 두었던 술집으로 정했다. 관건은 '어떤 메뉴'에 '어떤 스타일'로 갈 것인가였다. 당시 골목 안에 있는 가게들은 유명한 전집, 고깃집, 해산물을 파는 집 등 '무거운' 느낌의 음식들, 소주 안주 중심의 식당들이 대부분이었다. 그러면 우리는 '가벼운' 안주를 파는 '맥주집'으로 간다!

맥주랑 잘 어울리는 간단한 안주로 뭐가 가장 좋을지 조사했고, 우리는 '감자튀김'을 발견했다. '작은 가게를 최대한 활용할 수 있도록 테이크아웃이 가능한 감자튀김집!'

진짜 돌직구로 감자튀김 하나에 맥주만 파는 것이다. 학생들은 하굣길에 감자튀김을 테이크아웃하고, 직장인들은 근처에서 1차를 즐기고 간단하게 2차를 하러 오고, 주변에 사는 주민들은 집에 들어가기 전 맥주가 생각날 때 한잔 하고 들어갈 수 있는 집.

당장 인터넷에서 감자튀김에 관한 정보부터 샅샅이 조사했다. 뉴욕에 있는 오래된 감자튀김 전문점인 '폼프리츠(pommefrites)'를 제일 먼저 벤치마킹했다. 감자튀김 단일 메뉴에 다양한 종류의 소스들이 있는 가게였는데, 홈페이지나 블로그 후기들을 보며 인테리어, 포장지, 소스 등을 모두 체크했다. 서울과 서울 인근에 있는 감자튀김 파는 곳도 쥐 잡듯이 찾아다녔다. 지금은 감자튀김집이 전국적으로 꽤 많아졌지만 그때만 해도 서울에서 감자튀김 전문점은 별로 없었고, 수원

쪽에 프랜차이즈가 몇 개 정도 있는 게 다였다.

우리는 열심히 감자튀김집을 탐문하고 다녔다. 생감자를 쓰는지, 냉동감자를 쓰는지, 감자를 튀기는 데에는 몇 분이 걸리는지, 소스는 어떤 종류가 있고 어떻게 만드는지, 만드는 게 아니면 어떤 제품을 쓰는지, 인테리어는 어떤 분위기인지, 어떤 사람들이 많이 오는지, 와서 얼마나 앉아 있다가 가는지 등 눈으로 보고, 물어도 보고, 메모도 하고, 사진도 찍으면서 알아낼 수 있는 모든 것들을 조사했다.

일단 중요한 것은 재료다. 우리가 재료를 고르는 기준은 명확하다. 조금 가격이 높더라도 좋은 재료를 쓰는 것. 우리는 요리를 해본 경험이 없는 초짜이기 때문에 당연히 궁극의 맛을 낼 수는 없다. 그렇다면 역시, 약점을 최소화하고 강점을 극대화하는 것이 중요하다. 기술이 부족한 대신, 좋은 재료를 써서 기본 이상의 맛을 확보한다. 그리고 최고의 맛과 우리가 낼 수 있는 맛의 차이, 그 모자란 부분은 우리의 '열정'으로 채운다. 우리를 찾은 손님의 만족도를 최고치로 끌어올리는 것은 정확히 말하면 '맛'이 아니라 우리만이 줄 수 있는 즐거움과 에너지, 우리만의 '맨 파워'에 있다고 보기 때문이다.

1호점 오픈을 준비할 때보다 더 절박했다. 내가 먹여 살려야 하는 멤버들이 4명인데, 1호점 매출에서 이것저것 들어간 비용을 제하면 남는 수익이 거의 없었다. 솔직히 우리는 본격적으로 수익을 올리기 전까지 얼마 동안은 함께 감수하자는 각오를 했다. 이미 1호점 오픈 전에 월급 수준과 월급 날짜를 정하는 논의도 했었다.

월급일은 매월 5일로 정했는데, 월급 액수를 정하는 건 정말 어려웠다. 각자 받고 싶은 액수를 생각해오라고 했지만, 자금 사정을 뻔히 잘 알고들 있었기 때문에 누구도 선뜻 이야기를 못 꺼냈다. 결국, 집에서 출퇴근을 하며 부모님께 용돈을 받고 있는 멤버 성용이와 단이는 30만 원, 지방에서 올라와 생활비가 더 필요한 멤버 용수는 60만 원, 갚아야 할 대출이자가 있는 나와 연석 형은 85만 원. 이게 우리가 책정한 첫 월급의 액수였다.

9월 5일, 첫 월급날이 왔다. 멤버 세 명에게는 정해진 금액을 줬지만, 나와 연석 형의 월급은 결국 0원으로 수정됐다. 일단 2호점 오픈이 먼저였다. 다시 시작하는 기분으로, 이번에는 무조건 성공시키고 말겠다는 투지를 불태웠다.

'Coming Soon. 꽃미남 총각 출격! 대기 중.'

가게 외관에 큼지막하게 써놓고, 내부 공사에 들어갔다. 1호점 때처럼 기본적인 공사는 우리가 직접 다 했다.

"오, 꽃미남이래!"

"설마 저 사람들?"

공사를 하고 있으면 우리를 쳐다보며 지나가는 사람들도 있었다. 학생들이 지나가면 잘생긴 '꽃미남' 멤버들, 용수와 성용이가 나서서 말도 붙이고 열심히 홍보도 했다. 외모가 '딸리는' 나와 연석 형은 공사 인부인 척하며 마스크 쓰고 열심히 일에 집중했다. 그렇게 우린 남은 힘을 모두 쏟아부었다. 이번에는 결코 실패하면 안 되는 싸움이었다.

Coming Soon
9.22
꽃미남 총각
출격!! 대기중
ㅋㅋㅋ
청년장사꾼
www.facebook.com/sellourpassion

열정감자
꽃미남 감자캐러 갔음......
10월 3일 까지만 기다려줘요
COMING SOON
물건은 한가위 보내세요!
열정감자

고객님,
'감자'합니다!

"2호점 이름은 뭘로 할까?"

1호점에 이어 2호점 이름을 정하는 것도 어려운 문제였다. 어떤 이름이 좋을까 또 다시 머리를 싸매고 한참 고민을 했다. 그러다 번쩍 우리랑 딱 어울릴 만한 이름이 떠올랐다.

"열정감자! 형, 열정감자 어때요?"

연석 형의 첫 반응은 "음…… 별로"였다. 촌스러운 구석도 있고, 부담스럽지 않느냐는 의견이었다.

"형, 나 믿어봐요. 이 골목에서 우리가 제일 젊은 사람들이잖아요. 우리가 파이팅 넘치게 하면 '열정감자' 느낌 있다니까요!"

'뜨거운 감자'도 이름 후보에 있었지만, 이미 동명의 노래가 인기를 끌어서 검색창에 '뜨거운 감자'를 치면 우리 가게보다 먼저 나올 것이기 때문에 탈락했다. 결국 '열정감자'로 매장 이름은 확정!

"우리 매장의 느낌을 줄 수 있는 게 또 뭐가 있을까?"

보통 호프집에 가면 맥주는 주류회사의 로고가 박힌 컵에 담겨 나온다. 우리는 그것과는 다른 차별점을 주고 싶었다. 1호점의 메뉴판처럼 사람들이 '우와~' 하며 사진을 찍어갈 만한 요소로 뭐가 있을지 계속 찾았다.

그러다 발견한 것이 바로 '파이렉스' 잔. 원래는 계량컵으로 쓰이는 잔인데, 손잡이도 달려 있고 모양도 독특하고 예쁜 데다가 눈금이 적혀 있어서 우리가 맥주를 정직하게 판다는 것도 보여줄 수 있겠다 싶었다. 컵이 약간 비싼 게 단점이긴 했지만, 나는 뭔가 '촉'이 왔다. 지금은 우리처럼 파이렉스 잔을 맥주잔으로 쓰는 데가 생겼다고 하는데, 당시 우리가 파이렉스 맥주잔을 쓴 건 정말 '최초'였다고 자부한다. 그렇게 탄생한 우리의 파이렉스 맥주잔은 블로그, 인스타그램, 페이스북 등 각종 SNS에 올라오는 사진에 빠지지 않고 등장하며 '열

정감자'를 알아서 홍보해주는 요소로 자리 잡았다.

'우리만의 차별점' 하면 빠트릴 수 없는 게 또 하나 있다. 바로 위트를 담은 단체 티셔츠와 유니폼! 우리만의 특색을 담기 위해 이 역시도 긴 회의를 거쳤다. 내가 항상 강조했던 것은 "우리는 국가대표 장사꾼이 되자"는 것이었다. 그래서 유니폼에도 그 뜻을 그대로 반영했다. 파란색 반팔 칼라 티셔츠, 오른쪽 팔에는 태극기, 왼쪽 팔에는 청년장사꾼 로고 자수를 박았다. 그리고 각각 닉네임을 정해서 매장에서는 닉네임을 부르자고도 제안했다.

"용수야, 형은 '열정' 할게, 너는 '정열' 해라!"

유니폼의 뒷면인 등판에 각자의 캐릭터에 맞는 문구도 정해서 박기로 했다. 이건 나중에 정말 대박을 터뜨렸다. 청년장사꾼 감자집에서 제일 인기를 끄는 또 하나의 요소가 되었다.

크게 될 놈 뭘 해도 될 놈 _ 김윤규

감자 살래 나랑 살래 _ 김연석

잘 생겨서 죄송합니다 _ 양용수

손님이 짜다면 나도 짠 거임 _ 이성용

고객님 '감자'합니다 _ 오단

우리는 정말 그 어느 때보다 신 나게 회의를 진행했다. 솔직히 말하면 카페는 너무 정적이라 우리 이미지와 딱 맞아떨어지지가 않았다. 하지만 2호점 '열정감자'는 우리 청년장사꾼과 너무나도 잘 맞는 아이템이었다. 나는 전통시장 골목 안에서 젊은 청년들이 파이팅 넘치게

NOTICE
10/31 : 할로윈 day
- 가면쓰고 오면 Size Up +
- 영국이 가면 같으면 소스 추가 +
11/8 수능시험
고3 혜택
- 소스 1개 더

"SWEET POTATO"
(고구마)
₩5.000
(Large Size)

잘생겨서
죄송합니다

감자살래
나랑살래

크게될놈
뭘해도될놈

장사하는 모습을 머릿속에 그려보았다.

'이건 정말 안될 수가 없어!'

오픈 날은 10월 3일, 개천절로 잡았다. 다시 청년장사꾼의 새날이 열리는 날이다. 오픈 전날, 우리는 감자튀김을 시식하고 싶은 사람 있으면 다 오라고 지인들을 불러 모았다. '카페 벗' 오픈 전날 밤새 커피로 배를 불렸던 악몽이 떠올랐지만, 이번에는 달랐다. 기름 온도, 튀기는 시간을 매뉴얼대로 잘 조절했고, 결과는 성공적이었다. 열정감자의 감자튀김은 맛있었다! 친구들도 모두 고개를 끄덕이며 맛있게 먹었다. 됐다, 이거면!

청 년 장 사 꾼　　페 이 스 북

열정감자 PASSION POTATO 고사식 진행!

열정 넘치는 열정감자, 맛이 넘치는 열정감자, 양이 넘치는 열정감자!
궁금하신 분들은 바로 경복궁역 2번 출구로! 파리바게트에서 좌회전하면, 넘어지면 코 닿는 거리에 있습니다!
많은 분들의 축하 속에 '드디어?' '벌써?' 청년장사꾼이 2호점을 열었습니다. 이번엔 맛있는 감자튀김과 시원한 크림 생맥주로 여러분을 맞이합니다.
소중한 걸음 해주신 많은 분들 감사하고, 앞으로 오실 분들에게도 미리 감사드립니다!
열정감자는 오전 10시부터 새벽 2시까지 열심히 감자와 열정을 팝니다! 어서어서 오세요!

감자집은 첫날부터 대박이 났다. 하도 우리가 유난스럽게 공사를 해서 그런지 그동안 관심을 가지고 지켜보던 학생, 직장인, 주민, 주변 상인 분들이 모두 놀러오셨다. 젊은 청년들이 재미있게 장사한다고 등짝도 팍팍 쳐주며 응원과 격려를 해주시는 분들도 있었다. 가게가 워낙 작기도 해서 자리를 기다리는 손님들, 포장을 기다리는 손님들 줄은 끊이지 않았다.

어떻게 소문이 난 건지 오픈하고 한 달쯤 뒤에는 SBS「모닝와이드」라는 방송에도 소개되는 기쁨도 누렸다. 손님들은 계속 늘었다. 한 번 왔던 손님들이 또 와서 단골이 되고, 그 손님들이 또 다른 친구들을 데리고 와서 또 단골이 만들어졌다. 해가 바뀌고 날씨가 풀리면서 우리는 더욱 많은 손님들과의 추억을 쌓아나갔다.

"될 일도 되게 하고, 안될 일도 되게 한다!"
안될 거란 편견을 깨고 결국 되게 하는 게 청년장사꾼 멤버들이다. 스스로 정한 목표를 향해 달려가는 것, 혼자서가 아니라 멤버들이 함께 가는 것, 그리고 결국 달성해 보이는 것. 시간으로 승부를 하든, 아이디어로 승부하든 그 과정은 머리가 기억하고 몸이 기억한다.

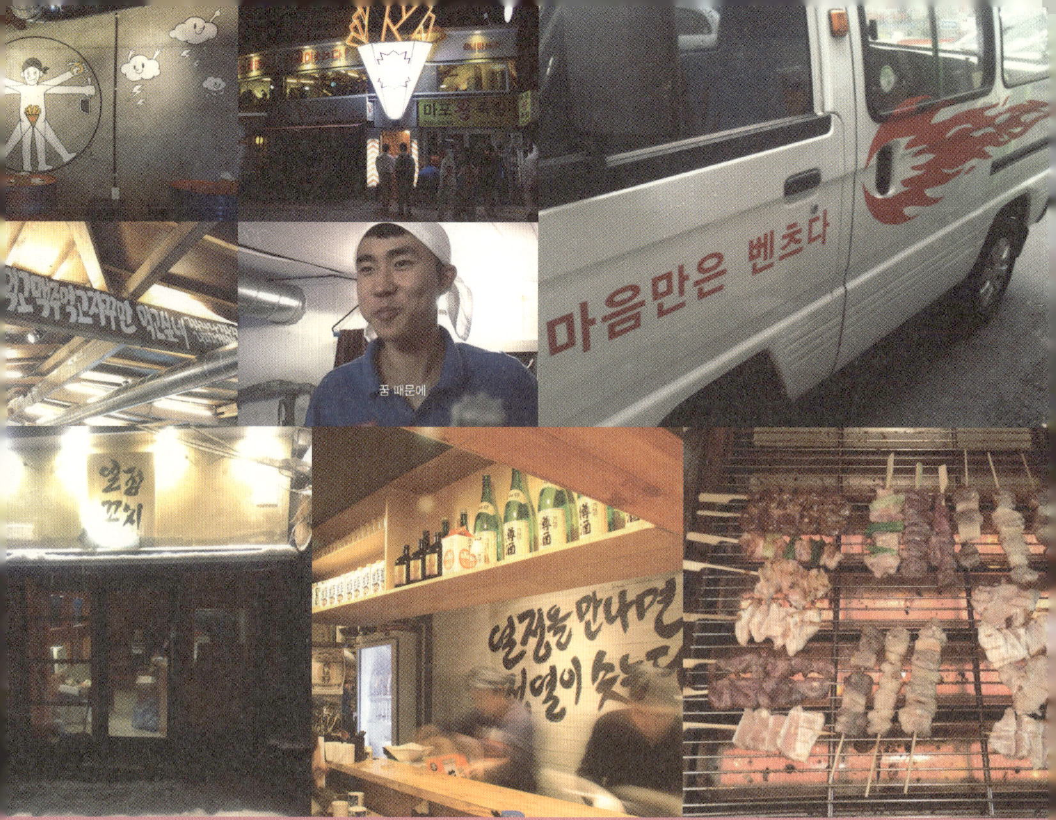

Part2

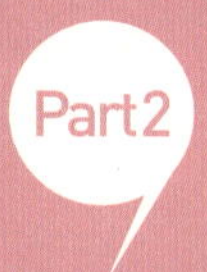

매장의 크기는 Minor, 우리의 꿈은 Major

· 안될 거란 편견을 깨고 장사로 돈 버는 법 ·

01

열정을 팝니다,
나누어 드립니다

우리가 보여줄 수 있는 '청년장사꾼만의 장사'는 뭘까? '청년장사꾼' 하면 항상 같이 따라오는 슬로건이 있다.

'열정을 만나면 정열이 솟는다, Sell our passion!' 우리는 장사꾼인데, 그냥 장사꾼이 아니라 열정을 다해 열정을 파는 장사꾼이다. 그래서 청년장사꾼 사전에는 '그냥' '가만히'라는 게 없다.

"안녕하세요, 감자집입니다! 와, 두 분 정말 잘 어울리시네요. 데이트 나오셨어요? 데이트엔 감자튀김이랑 맥주가 딱인데! 아~ 밥 먹으로 가시는구나. 그럼 2차로 한번 들러주세요!"

매장을 열었으면 손님이 찾아오게 해야 한다. 그러려면 매장 안에만 있어선 안 된다. 가게 앞은 우리만의 장사를 맘껏 발산할 수 있는

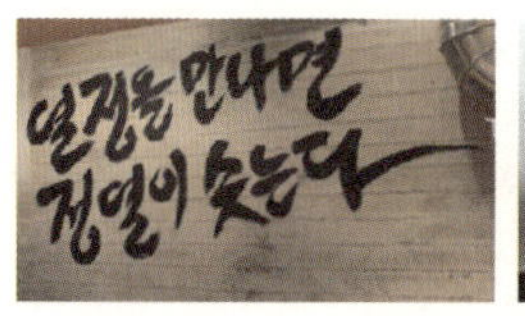
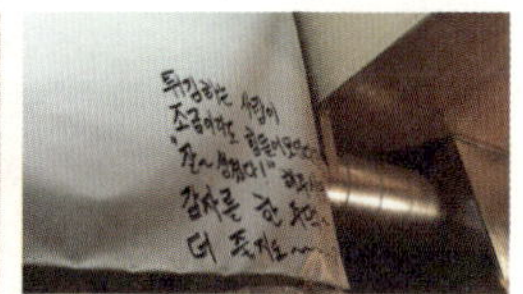

무대다. 그래서 우리는 지나가는 분들에게 다가가 인사를 건네며 흥겨운 분위기를 만들어가려고 노력한다.

중요한 것은 절대 억지로, 기계처럼 해서는 안 된다는 점이다. 그 손님에게 맞는 관심을 진심으로 보여야 손님도 기분이 좋아진다. 지금은 그냥 지나가는 손님일지라도 진심을 전하면 언젠가 그 손님은 다시 오게 된다고 믿는다.

한편, 신 나고 시끌벅적하게 장사를 하다 보면 또 중요하다고 느끼게 되는 것이 주변 상인들과도 좋은 관계를 유지하는 것이다. 우리는 매일 골목을 지나다니며 상인 분들께도 열심히 인사를 한다. 또 상인 분들과 같이 즐겁게 할 수 있는 일은 없을지 고민도 계속한다.

한번은 화이트데이 때 시장을 돌아다니며 장사를 하거나 주방에서 일하는 이모님들께 사탕을 선물로 드리고 함께 사진을 찍으며 추억도 남겼다.

어느덧 대입 수능시험이 다가왔다. 그동안 감자집에 놀러 와서 친해진 배화여고 친구들을 위해 이벤트를 하기로 했다. 기왕이면 상인분들과도 함께하고 싶어 금천교시장 상인회와 논의해 시장 골목에 현수막도 걸고, 페이스북을 통해 홍보도 했다.

| 청 년 장 사 꾼   페 이 스 북 |

청년장사꾼 2호점 열정감자의 시장회춘 프로젝트?!

경복궁역 2번 출구, 금천교시장은 정말 많은 맛집으로 유명한 골목입니다. 골목에는 오랫동안 시장통을 지키고 있는 가게들도 많고요. 이런 금천교시장 골목에 청년들이 들어와 활기를 불어넣고, 또 청년장사꾼 덕분에 젊은 고객층도 시장을 찾게 되었다며 주변 사장님들이 청년장사꾼을 참 귀엽게 봐주신답니다.^^

시끌벅적 으쌰으쌰하는 청년장사꾼과 금천교시장 상인회가 특별히 응원하고 싶은 친구들이 있어 작은 선물을 준비해보았습니다.

"배화여고 고3 '재수' 없어!"
"배화여고 고3 100점 말고 500점 받자!"

11월 8일 목요일, 내일은 수능 날입니다.
그동안 열심히 준비한 전국의 고3 분들, 힘내세요!
청년장사꾼의 열정을 나누어 드리겠습니다!

금천교시장 상인회 | 열정감자
배화여고 꼬3 재수 없어!!

금천교시장 상인회 | 열정감자
배화여고 꼬3 100점 말고 500점 받자

재수없쟈냐
대박날거쟈냐

배화여고 수능대박
풍문으로 들었소!
합격느낌 아니까
잘살린수있어요
힘내세요!

2호점은 장사를 하면서 테스트하고 싶은 것들을 다 해볼 수 있는 가게기도 했다. 카페에서는 맞지 않아 하지 못했던 재미있는 이벤트들이 매일같이 넘쳐났다.

"시험기간에는, 학점 F 1개당 1000원 DC!"

"추운 겨울에는, 감기처방전 가지고 오면 소스 추가!"

"칼퇴 기원 레몬에이드? 퇴그네이드!"

재미있는 문구를 매장 안에도 적고, 매장 앞에 있는 칠판에도 적어서 이목을 집중시켰다. 뭐 하나라도 청년장사꾼답게, 재미있게 만들고 싶었다.

특히 OO데이, OO날이 되면 '우리만의 방식으로 특별하게 할 수 있는 방법이 없을까?' 하며 뭔가를 더 기획하고 생각한다. 실제로 청년장사꾼의 매장에서는 기념일이 수시로 찾아온다. 가정의 달 기념, 수능 기념, 할로윈데이 기념, 국군의 날 기념 등 세상 어디에도 없는 특별한 '기념일' 이벤트를 통해 청년장사꾼만의 열정을 맘껏 드러내는 것이다.

가령, 국군의 날에 우리는 멤버들 모두 군복을 챙겨 입고 장사를 한다. 테이블마다 건빵도 하나씩 서비스로 드리고 '10월 1일, 국군의 날. 김 병장님이 튀긴 건빵 드시지 말입니다!'와 같은 재미있는 문구도 써서 매장에 붙인다. 손님들이 함께 참여할 수 있는 이벤트도 진행한다. 복무신조 외우면 서비스, 곰신카페(군대 간 남자친구를 둔 여자들의 인터넷 커뮤니티) 인증 시 서비스, 청년장사꾼 멤버들의 출신 부대를 맞추는 이벤트, 추억의 뽀글이 스페셜 메뉴 등을 만드는 식이다.

"국군의 날 기념! 전우야 반갑다! 전우 찾으면 서비스를 드립니다. 강릉 18전투 비행단, 논산 육군 훈련소 조교, SSU 잠수, 해병대 등등! 와서 전우 찾고 서비스 받아 가세요!"

"카운터 앞에서 관등성명을 크게 외칠 시 감자 사이즈 업!"

모두가 군복을 입고 열정감자 매장 앞에서 찍어 올린 사진 밑에는 해병대 군복을 본 어떤 분이 '해병대 몇 기냐?'라고 댓글을 달기도 했다.

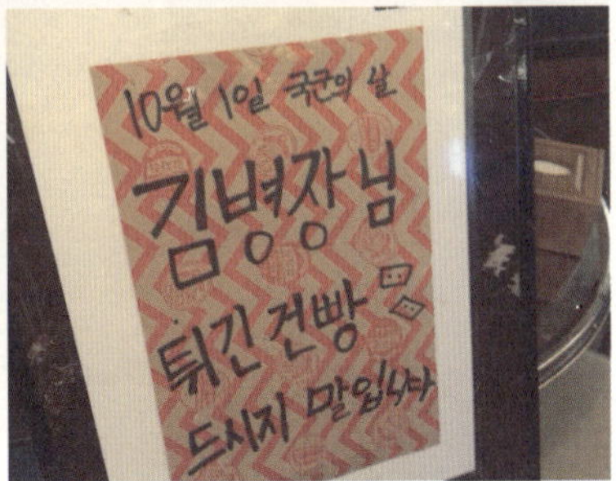

손님들은 이렇게 즐거운 마음으로 이벤트에 함께 참여해준다. 특별한 이벤트가 더해진 날이면 늘 매장의 분위기는 한층 더 '업' 된다. 그 맛에 우리는 또 더 신 나게 일을 한다.

꼭 이벤트가 아니더라도 손님들이 매장에서 힘을 얻고 즐거워하면 우리 역시 힘이 나고 즐거워진다. 손님들에게 즐거움을 주면서 우리 스스로도 더 즐거운 장사를 하는 것. 이게 열정을 파는 청년장사꾼이 장사를 하는 방식이다.

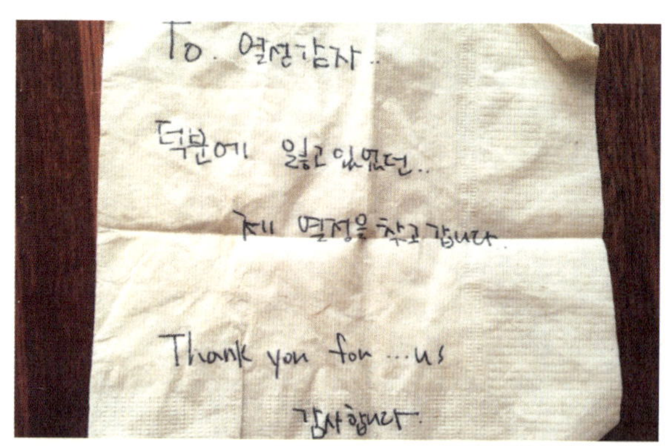

02

'클린데이' 지정!
기본은 지키자

장사의 가장 기본은 뭘까? 많은 사람들이 장사는 '서비스'가 중요하다고들 한다. 100% 맞는 말이다. 그렇다면 서비스에서 가장 중요한 요소는 뭘까?

나는 '인사'와 '청결'을 꼽는다. 이건 내가 장사를 배우고 해오면서 직접 체감한 것이다. 이를 테면, 인사와 청결은 손님들에게 가장 처음으로 보여주는 우리의 모습과도 같다. 첫인상이 좋으면 그다음 단계로 수월히 넘어갈 수 있지만, 첫인상이 나쁘면 그걸 만회하는 데 더 많은 노력과 정성이 필요하다.

인사는 앞에서도 등장했듯, 우리가 장사를 하며 가장 많이 하는 것이기도 하다. 매장에 들어오는 손님, 나가는 손님, 매장 앞을 지나가는 손님, 지나가다 마주치는 주변 상인 분들 모두에게 우리는 열심히 인사를 한다.

청소도 마찬가지다. 예전에 읽은 책『일본전산 이야기』에서 일본의 한 회사는 청소를 잘하는 직원을 채용조건으로 삼을 만큼 청소와 정리정돈을 매우 중요한 덕목으로 삼는다고 했다. 기업도 이러한데, 장사는 오죽 하겠는가? 그래서 나는 멤버들에게 정말 지겹도록 '청소'를 강조하곤 한다.

"외식업에서 청결은 더더욱 손님들이 매장을 평가하는 척도가 됩니다. 손님의 입장에서 깨끗한 곳에 발길이 더 가는 것은 당연한 이치니까요."

"내 매장 앞만 치우는 게 아니라 이왕이면 옆 매장의 앞, 혹은 그 길목도 가능하면 함께 청소했으면 합니다. 그러면 주변 상인 분들과의 관계도 더 돈독해질 수 있습니다."

"청소는 단순히 겉으로 보이는 깨끗함을 떠나서, 그곳에서 일하는 사람으로서의 마음가짐을 다잡을 수 있게 해준다고 봅니다. '청소만 잘해도 절반 이상은 성공한 것'이라는 말도 있습니다. 우리 스스로 매장의 청결에 더 엄격해지려고 노력합시다."

우리는 손님이 오시기 전에 먼저 깨끗이 오픈 청소를 한다. 그리고 마감을 할 때 다시 한 번 구석구석 정리정돈을 한다. 2호점 매장을 열 때 자리를 알아봐주시고, 직접 튀김기 청소법까지 알려주신 선생님 덕에 튀김기의 기름 청소는 매일 한다. 처음에는 요령이 없어서 1시간 넘게 기름 청소만 하기도 했지만, 이제는 다들 혼자서도 금세 해치운다. 맥주를 뽑는 호스도 깨끗이 씻는다. 호스 청소를 하려면 남은 맥주는 버려야 하지만 우리에겐 깨끗한 음식을 정직하게 파는 것이 더 우선이다.

오픈 초기, 2호점 감자집의 일요일 영업 시작 시간은 평일보다 늦은 오후 5시였다. 일반적으로 상권은 평일상권과 주말상권으로 나뉜다. 평일상권은 주로 회사나 학교 근처여서 주중에 매출이 많은 곳이고, 주말상권은 데이트상권으로 사람들이 쉬는 날 일부러 찾아갈 만한 곳들을 말한다. 2호점이 있는 시장골목은 평일상권에 가까웠다. 그래서 일요일은 평일과는 다르게 오픈 시간을 늦춘 것인데, 그냥 그 시간을 놀리기가 아쉬웠다. 그래서 정한 것이 바로 '클린데이'였다.

청 년 장 사 꾼   페 이 스 북

화창한 일요일 오후. 청년장사꾼 2호점 '열정감자'는 분주합니다.
좀 더 깨끗한 매장과 청결함을 유지하기 위해 매주 일요일을 '클린 데이'로 정하고 모든 집기 및 주방 도구들을 청소하고 있습니다.
매주 일요일! 클린데이로 여러분께 깨끗하고 청결한 모습을 계속 보여 드리는 청년장사꾼이 되겠습니다.
오늘 하루도 파이팅!

열정감자

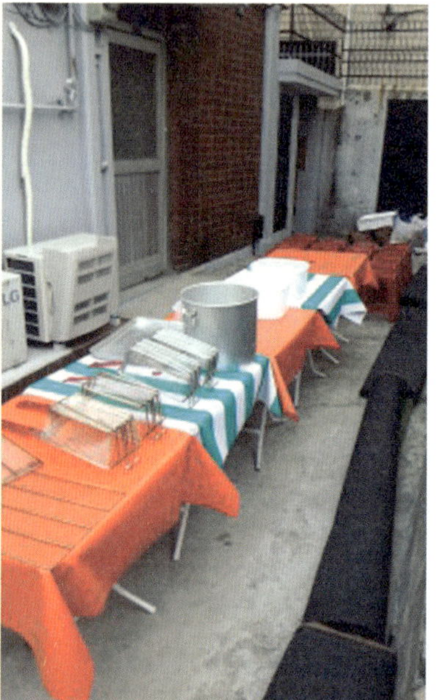

LG

일요일은 일찌감치 나와 요란을 떨며 테이블을 모두 밖으로 꺼내고 바닥 물청소부터 시작했다. 매일 닦는 집기와 주방도구들도 한 번씩 더 닦고, 테이블도 윗면뿐만 아니라 테이블의 옆쪽과 다리까지 닦았다. 지나가는 손님들이 보고 '와, 정말 깨끗하게 장사 하는구나, 믿을 수 있겠구나'라고 생각할 수 있도록.

2호점 이후로 매장이 더 늘면서 신경 써야 할 부분들도 많아졌다. 꼼꼼한 성격의 멤버들은 청소 매뉴얼을 만들어서 집기 소독도 하고 체크를 한다. 위생 담당자도 따로 정했는데, 셰프 병건이가 잘 관리해주고 있다(그 사이 청년장사꾼의 멤버들도 변화가 있었다. 지금 청년장사꾼의 셰프는 두 명이나 된다. 처음을 함께했던 다섯 멤버 중 용수와 성용이는 아쉽게도 학교로 돌아갔지만, 그 빈자리를 채워주는 멤버들이 계속 생겨났다. 멤버들 이야기는 뒤에서 더 하도록 하겠다).

[청년장사꾼의 위생 일정]

- **월요일** 냉장고 청소(전 매장). 냉장고 안에서 뺄 것들 다 빼서 닦아내고 소독제 뿌려주기.

- **화요일** 화구 청소(꼬치집, 골뱅이집). 막힌 부분 다 뚫어내고 밑판 꺼내서 닦기. 밑판 받침까지 깨끗이 닦기.

- **수요일** 수저, 집기, 소독(전 매장). 수저 및 손님들이 사용하는 집기 삶고 소독하기.

- **목요일** 그릇 선반, 양념 선반 청소(전 매장). 선반에 있는 그릇 꺼내고

선반 청소 실시. 마무리는 소독제.

- **금요일** 제빙기 청소(전 매장). 제빙기 청소하고 소독하기.

- **토요일** 재고 및 발주 확인(전 매장). 매장 내에 유통기한이 지난 물품은 없는지, 오래된 재고는 없는지 확인하고 발주 체크하기.

- **일요일** 수저, 집기 소독(전 매장). 수저 및 손님들이 사용하는 집기 삶고 소독하기.

우리는 이렇게 매일매일 열심히 청결을 관리한다. 매장을 깨끗하게 유지하고 깨끗하게 음식을 파는 것이야말로 손님들과 믿음을 쌓을 수 있는 첫 걸음이 아닐까? 그러니 오늘도 청소하자! 아주 깨끗이!

03

열정꼬치,
새로운 전쟁의 서막

2호점 열정감자는 오픈 이후부터 계속 상승곡선을 탔다. 방송에 나온 뒤로 시장에서 재미있게 장사하는 우리에게 관심을 보여주는 매체도 점점 더 늘었다.

매장이 잘되니 일손이 더 필요했다. 처음 다섯 명이었던 청년장사꾼은 2호점을 오픈하면서 두 명이 늘어 일곱 명이 됐고, 이듬해 1월 두 명이 더 늘었다. 먹여 살려야 할 식구가 많아진 만큼 수익도 더 올려야 했다. 1호점과 2호점만으로 안정적인 수익구조를 만들기에는 아무래도 역부족이었다. 같이 고생하고 있는 멤버들에게 월급을 더 챙겨주고 싶었다. 첫 월급에 비하면 많이 나아졌다고는 해도 여전히 한참 낮은 액수였다. 아직 갈 길이 멀었다.

나와 연석 형은 예정보다 더 빨리 '3호점' 준비에 착수했다. 날씨가 추워서 사람들의 외출도 적고 공사도 어렵기 때문에 겨울에는 새로운 매장을 잘 오픈하지 않지만 우리는 개의치 않고 서둘렀다.

열심히 여러 지역을 돌며 발품을 팔았는데, 2호점이 있는 골목에 자리가 하나 났다는 소식을 듣고 바로 찾아갔다.

"형, 우리가 이미 3개월 정도 장사를 한 곳이니까 상권에 대한 이해도도 높은 곳이고, 2호점이랑 가까우니까 두 매장을 같이 관리하기에도 좋아요. 여기 괜찮은 거 같은데요?"

"그리고 이 정도면 내부 공사도 거의 필요하지 않겠네. 오픈하기까지 시간 많이 안 걸리니까, 그것도 우리한테는 딱이다. 여기로 하자!"

문제는 역시 돈이었다. 있는 돈 다 모으고 개인대출도 받아 1호점, 2호점을 오픈했으니 수중에 여웃돈이 없었다. 저금리로 대출받을 수 있는 곳을 알아보다가 주류회사에서 무이자로 조금 대출을 받았고, 서울 신용보증재단의 소상공인 자금대출도 받았다. 친한 친구의 아버지도 돈을 조금 빌려주셨다. 어찌 보면, 아직 빚을 다 갚지도 않은 상태에서 매장을 더 늘리기 위해 또 빚을 지는 모험을 강행한 것이다. 이성적으로 생각하면 무모하고 아찔한 결정이었다고 할지 모른다. 어쨌거나, 우린 무식해서 용감했다(사실 엄청 무리했다).

바로 매장 자리를 계약했고, 2호점 때처럼 아이템을 정하기 시작했다. 감자튀김과는 또 다른 차별화를 고민했고, 최종 결정한 아이템은 '꼬치'였다. 매장 앞쪽에서 꼬치를 구우면 사람들의 시선을 집중시킬 수 있을 것 같았다. 그날부터 우린 꼬치와의 전쟁을 시작했다.

유명한 이자카야들은 다 가보았다. 2호점 마감을 하고 이태원, 홍대 등을 돌아다니며 질리도록 꼬치를 먹었다. 꼬치가게 주변을 맴돌며 쓰레기통을 뒤져본 적도 있었다. 쓰레기통이나 박스 버린 것을 보면, 꼬치 재료를 어디서 공급받는지 알 수 있지 않을까 싶어서였다.

그렇게 얻은 정보들을 토대로 재료 공급 업체를 두세 군데로 추렸다. 일단 한번 만들어서 먹어봐야 했기 때문에 두세 군데 업체에서 꼬치를 주문했고, 꼬치에 바를 각종 소스도 주문했다.

멤버들이 2호점 감자집에서 장사를 하는 동안 나는 본격적으로 꼬치를 굽는 연습에 돌입했다. 이 소스, 저 소스 배합해가며 열심히 굽고 또 맛보고를 반복했다. 연석 형은 틈틈이 꼬치 맛을 보러 왔다.

"이거 어떡하지? 맛이 없는데?"

손님한테 자신 있게 내놓을 수 있을 때까지 만들어본다는 각오로

꼬치 굽기를 반복했지만 영 나아지지가 않았다. 하도 꼬치만 먹어댔더니 위장은 점점 뒤틀려가고, 피부도 다 뒤집어졌다.

"형, 제가 아무리 열심히 해도 맛이 영 아닌데요."

"그래…… 이건 아니다. 다른 방법을 찾아보자."

나는 한 친구를 떠올렸다. 조리학과 전공에 취사병 출신인 군대 훈련소 동기, 현도. 나랑 고향이 같아 친해진 후로 종종 연락을 하고 지내던 친구였는데, 개그맨 시험을 준비한다고 서울에 올라와 있었다. 연석 형과 함께 일단 만났다.

"현도야. 우리, 잘하는 거 하자!"

나는 청년장사꾼에 대해 열심히 이야기를 했고, 현도에게 셰프로 들어오지 않겠냐고 제안했다. 현도는 개그맨 시험을 준비하고 있었기 때문에 망설이는 눈치였다.

"너는 왜 개그맨이 되고 싶은 건데?

"사람들 즐겁게 해주고 싶어서. 사람들이 웃으면 좋고, 그렇게 웃게 하는 일 하고 싶으니까."

옆에서 진지하게 이야기를 듣던 연석 형이 말했다.

"장사하면서도 니가 하고 싶은 일 할 수 있어. 매장에 오는 손님들을 웃게 해주는 셰프가 되면 되잖아?"

결국 경상도 남자 현도는 청년장사꾼에 합류하기로 결정했다. 현도가 들어온 덕분에 나는 더 이상 혼자 꼬치구이와 싸우지 않아도 됐다. 믿음직한 현도는 꼬치 요리만이 아니라 그 외의 주방 요리까지 개발

하는 역량을 맘껏 보여주기도 했다.

3호점 인테리어는 특별히 더 공을 들였다. 이자카야의 느낌을 주되 청년장사꾼의 꼬치집다운 면모를 잘 살려야 했다. 우리는 이태원에 있는 1호점 카페에서 여러 활동들을 하며 친해진 아티스트, 재민이 형에게 도움을 구했다. 우리의 자금 사정을 너무 잘 알고 있는 형이었기에 특별히 '브라더 프라이스(!)'로 꼬치집의 로고에서부터 간판 및 내부 인테리어, 메뉴판 등 전반적인 디자인을 진행할 수 있었다.

연석 형은 짬을 내어 일본 오사카에 다녀왔다. 일주일 동안 여러 이자카야들을 돌아다니면서 기본 요소와 디테일을 조사했다. 우리 꼬치집에 어울릴 만한 인테리어 소품들, 앞치마와 두건 등도 마련해왔다.

그렇게 꼬치집 오픈 준비는 순조롭게 흘러갔다. 2월 4일 오픈 날에 맞춰 공사도 잘 마무리됐고 모든 정비도 마쳤다. 2월 3일 오픈 전날, 마지막 필요한 것들을 체크하고 청소를 하기 위해 꼬치집에 모두 모였다. 오전부터 하늘에서는 눈이 내리기 시작했다.

“우리 오픈 축하한다고 하늘에서 선물 주네.”

골목길에 하얗게 눈이 내려앉는 걸 보며 괜히 신이 나서 싱글벙글했다.

그런데 어수룩해질 무렵까지 눈은 그치지 않고 펑펑 내리더니 급기야는 폭설주의보가 내려졌다. 새벽 3시. 도무지 그칠 기세가 없는 눈을 보며 마음이 점점 불안해졌다. 내일 마지막으로 도착할 물품이 제대로 도착할 수 있을지가 걱정이었다. 이런 상황에서 오픈을 하는 것은 현실적으로 무리였다. 어설프게 오픈을 강행했다가 기대를 갖고 찾은 손님이 실망을 해버리면, 앞으로 그 손님은 다시 찾아오지 않을 것이다. 그렇다면, 이번에는 ‘고’가 아니라 ‘스톱!’이다.

“오픈은 하루 미뤄야겠다. 이제 들어가서 눈 좀 붙이자.”

우리는 주섬주섬 옷을 챙겨 입고 밖으로 나섰다. 바람이 매서웠다. 골목 가득 쌓여 있는 눈길을 헤치며 걷는데 콧물이 곧장 얼 것 같았다.

“야, 택시 빨리 잡자. 추워 죽겠어.”

매서운 추위 때문에 발을 동동 구르면서도 한편으로는 쌓여 있는 눈이 영 마음에 걸렸다. 오픈은 하루 미뤘지만, 버젓이 간판까지 달았는데 가게 앞의 눈이라도 쓸어야 마음이 편할 것 같았다.

“우리 눈 좀 쓸고 갈까?”

누군가 그렇게 외쳤고, 우리는 가던 길을 돌려 가게로 돌아왔다. 그러고는 일제히 빗자루를 들고 골목을 쓸기 시작했다. 좀만 더, 여기도

별집
꼬치

좀 더, 저기도 좀 더 하다가 결국 골목 전체 눈을 다 쓸어버렸다. 허리를 펴고 시계를 보니 어느덧 두 시간이 흘러 있었다. 힘은 들었지만 마음은 정말 뿌듯했다. 모든 게 지금 마음처럼, 말끔해진 골목길처럼 잘될 수 있으리라는 생각이 들었고, 그래서 벅찼다.

초긴급 공지!

2013년 2월 4일 오픈 예정이던 청년장사꾼 3호점 '열정꼬치!'

서울에 눈 폭탄이 내려 매장 앞에 눈이 포옥 쌓였습니다. 하지만 우리 '상남자'들의 불타는 열정은 눈 폭탄도 다 녹일 기세! 오픈 준비를 하며 밤을 지새웠지만, 천재지변으로 인해 오픈 연기가 불가피하게 되었습니다.

급하게 서두르다 체하지 않고, 차분히 준비해서 더욱 알차게 시작하겠습니다! 약속 못 지켜 죄송합니다. 아침까지 15cm 이상 쌓일 것이라고 하니 모두들 출근 조심하세요!

'열정꼬치' 오픈 떡은 쭉쭉 돌리니 언제든 놀러오세요!

아, 2호점 '열정감자'는 정상 오픈합니다!!

열정꼬치 상황 실시간 중계!

오전 3시 28분, 새벽 눈을 뚫고 청년장사꾼 상남자들이 금천교시장 골목을 쓸고 있습니다. 이대로 고속도로도 낼 기세! 비록 몸은 많이 피곤하지만, 주변 상인 분들께 조금이나마 도움이 되고자 열정을 불사릅니다. 많이 지켜봐주시고, 격려해주세요. 내일 모두 빙판길 조심조심!

드디어 정식 오픈 날. 우리는 2호점 열정감자에 방문한 손님들에게 생맥주를 할인해드리며 3호점 열정꼬치로 연결시키는 이벤트를 열었다. 2호점을 찾아주는 손님들이 많기 때문에 줄을 길게 서서 기다리는 분들한테 3호점 오픈 소식을 적극적으로 알렸다.

3호점에서는 특별히 점심 메뉴(셰프 현도가 개발한 레시피!)도 두 가지를 준비했다.

'열정카레이서, 그리고 열정돈가스레인저.'

재미있게 이름을 붙인 카레와 돈가스였다. 이자카야는 보통 저녁 때 오픈을 하고 새벽까지 운영을 하지만 점심시간을 그냥 놓치는 게 아쉬웠다.

"근처에 회사도 많고 학생들도 지나다니니 몇 그릇을 팔든 일단 한 번 시작해보자!"

개시 당번을 맡은 멤버들은 아침 일찍 나와 밥을 하고 카레를 만들고 점심 장사 준비를 했다. '당일 재료 소진 시 못 드심'이라는 문구도 적어놓고 한정 마케팅도 펼쳤다.

그렇게 두 달 정도 열심히 점심 메뉴를 팔았는데 생각보다 쉽지가 않았다. 맛은 나쁘지 않았지만 노동 투입 대비 매출이 예상보다 적었다. 또한 새벽 두세 시까지 장사를 하고, 다음 날 3호점 점심 당번을 맡은 멤버는 또 아침 일찍 나가야 하니 멤버들의 체력이 떨어지는 것도 눈에 보였다.

그때, 평소 우리에게 조언을 해주던 감자꽃스튜디오 이선철 대표님이 "회사 피로(company fatigue)"라는 이야기를 해주셨다. 멤버들의 피로도가 높아지면 회사 전체의 피로도도 높아져서 운영이 더 힘들어 진다는 것이었다. 점심 때 나오는 매출 몇만 원에 목을 매다가 오히려 큰 것을 놓치는 우를 범할 수는 없었다. 점심 아이템에 대한 시도와 경험은 좋았지만, 그날로 과감히 점심 장사는 접었다. 대신 사람을 얻었다. 나중에 이 교훈을 한 번 더 크게 깨닫게 되는 날이 온다.

04

왜 여기는
테이블에 벨이 없어요?

3호점 열정꼬치는 오픈 날부터 우여곡절이 많았지만, 지금은 단골 손님들이 가장 아껴주는 매장이다. 가게 구조상 꼬치를 굽고 요리를 준비하는 공간 앞에 바 테이블이 있는데, 여기에는 네 명 정도가 앉을 수 있다.

바 테이블에 한 번 앉아본 손님들은 이후 다시 올 때마다 바 테이블을 더 찾는다. 멤버들이 가까이서 손님들과 공감대를 형성하며 재미를 더해주기 때문이다. 그날 있었던 서러운 일을 토로하는 분이 있으면 위로의 말을, 생일을 축하하러 온 손님들에게는 같이 축하 노래도 불러준다. 손님들과 자연스럽게 대화하고 어울리기도 하며 우리는 손님들을 '우리 사람'으로 만든다.

3호점 매장은 복층으로 되어 있는 구조다. 다락방 같은 아담한 2층에도 테이블이 놓여 있다. 2층에 자리를 잡은 손님들 중에는 우리에게 종종 이런 질문을 던지곤 한다.

"왜 여기는 테이블에 벨이 없어요?"

매장에 벨을 놓지 않은 이유는, 손님들과의 접점을 최대한 많이 만들기 위해서다. 우리는 수동적인 장사가 아니라, 우리가 먼저 더 적극적으로 움직이며 손님들과 한 마디라도 더 나누는 것이 좋다. 파블로프의 개처럼 벨을 누르면 "네!" 하고 달려 올라가는 게 싫었다.

손님이 2층으로 올라가면 함께 올라가 메뉴판을 먼저 건네고 1층으로 내려온다. 기본 안주를 준비해 들고 올라갈 때 주문을 받는다. 서빙을 다 마친 후에도 틈틈이 2층에 올라가 부족한 게 없는지 살피며 한 바퀴 둘러본다. 뭔가 부족할 때쯤 되었다 싶으면 또 올라가서 묻는다.

"술이 다 떨어지신 것 같은데 괜찮으세요? 아님, 뭐 더 필요한 건 없으세요?"

"안 그래도 찬물 좀 달라고 할 참이었는데, 어떻게 아셨어요? 찬물이랑 소주 한 병 더 주세요!"

"네네~. 금방 갖다 드립니다!"

이게 3호점 매장의 접객 방식이다.

물론, 이렇게 할 수 있는 건 매장이 작아서 가능한 장점이기도 하다. 테이블 수가 감당하지 못할 만큼 많은 게 아니기 때문에 그만큼 한 테이블 한 테이블에 더 큰 관심을 쏟을 수 있기도 하다.

열정꼬치가 단골손님을 많이 확보한 비결은 또 있다. 겨울이라는 계절 덕을 잘 이용한 덕분이다. 겨울은 사실 소비 심리가 많이 위축되는 시즌이다. 날씨가 추우면 아무래도 매장을 찾는 손님들은 줄어들 수밖에 없다. 그런데 손님의 수가 줄어든 만큼 한 손님 한 손님과 이야기할 시간은 늘어난다. 그럴 때 더 적극적으로 손님들을 맞이하고, 화기애애하게 함께 이야기도 나눈다. 손님이 적은 날에는 더 큰 감동을 줄 수 있는 것이다.

우리는 날씨가 안 좋은데도 가게를 찾아준 것에 더 감사함을 표현한다. 눈길에 젖은 신발을 따뜻하게 말리라고 난로를 발 앞에 갖다 드리기도 하고, 언 손을 녹이라고 기다리는 동안 따뜻한 차를 한 잔씩 준비해 드리기도 한다. 그때 한 번 왔던 손님은 꼭 다른 친구들과 함께 다시 찾아온다. 그렇게 우리의 단골손님들이 늘어갔다.

날씨가 안 좋으면 장사가 잘되지 않을 때도 있다. 하지만 그럴 때가 단골손님을 만들기에는 절호의 기회다. 우리가 손님들에게 잘하면 잘할수록 손님들은 우리를 기억하고 다시 찾는다. 그러니 손님들이 우리 가게를 나갈 때는 항상 웃으며 나갈 수 있게 하자!

'손님을 웃게 하라!'는 것은 비단 접객에만 해당하는 것은 아니다. 우리가 추구하는 것이 재미있는 장사인 만큼 우리는 곳곳에서 '웃음 포인트'를 살리는 것을 좋아한다.

꼬치집은 화장실 가는 길이 약간 어둡다. 등이 하나 있긴 하지만 조금 허전하기도 해서 벽을 꾸미기로 했다. 어떤 재미있는 문구들을 또 적어볼까 하다가 '바닥이 미끄러울 수 있으니 조심하라'는 메시지를 넣기로 했다.

"방심하면? 미끄럼주의. 넘어지면? 부끄럼주의."

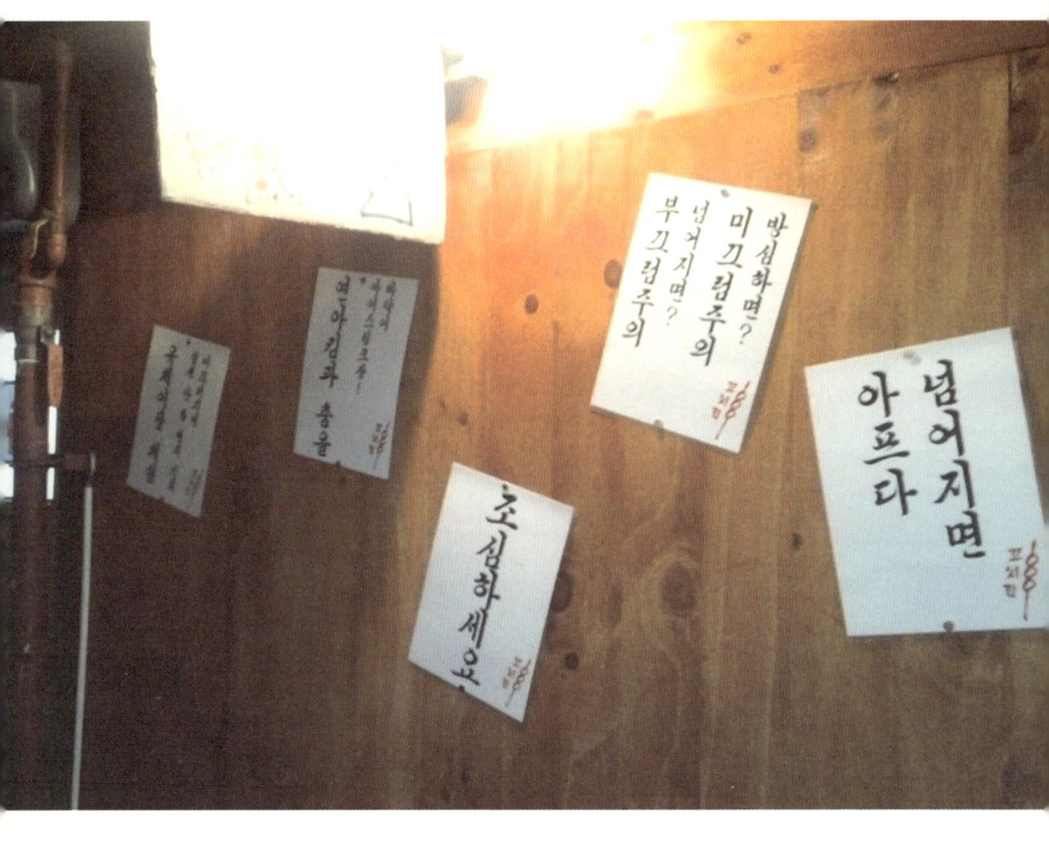
방심하면?
미끄럼주의
넘어지면?
부끄럼주의
넘어지면
아프다
조심하세요

"넘어지면 아프다."

"바닥이 아이스링크장! 연아킴과 춤을."

"미끄러지면, 일생 단 한 번의 기회. 유체이탈 체험."

사실 화장실은 꽤 중요한 공간이다. 술집에서 화장실이 불편하다는 것은 큰 약점이다. 그만큼 우리는 화장실에 더 신경을 쓰려고 한다.

특히, 2호점은 우리에게 화장실이 늘 숙제였다. 건물에 붙어 있는 화장실을 썼는데 워낙에 오래된 건물이어서 화장실 상태도 좋지가 못했다. 청소를 아무리 열심히 해도 쾌적함을 주는 데는 한계가 있었다. 우리는 이 상황도 최대한 재미있게 풀어보려고 화장실 안에 '사과문'을 적어놓았다.

사과문

고객님, 죄송합니다!

화장실이 '기능'뿐 아니라 '편안함'과 '안락함'을 드려야 함에도 그러지 못한 점 사과드립니다. 더 나은 '맛'과 '열정'으로 보상해드리겠습니다.

– '열정감자' 드림 –

우리는 이렇게 우리만의 방법으로 '손님들을 웃게 만드는' 필살의 노력들을 계속 진행 중이다.

상남자들
근육충전중
오후3시부터 5시까지
Break TIME
PM03~05:30

05

마음만은
벤츠다

장사를 할 때 중요한 건 기동성이다. 우리가 직접 발품을 팔며 필요한 재료며 물품들을 떼어오려면 차량은 없어서는 안 될 우리의 필수 자산이다.

현재 청년장사꾼이 굴리고 있는 회사 차량은 무려 3대나 된다. 우리의 첫 '애마'는 흰색 오토바이. 1호점 카페 벗을 운영하며 2호점을 준비할 때 처음으로 마련한 것이다. 그리고 두 번째 애마는 흰색 다마스. 3호점까지 오픈하고 나니 장을 볼 때 물건을 사는 규모가 두 배 이상 커졌고 멤버들도 늘어서 오토바이 한 대로는 감당이 불가능한 상황이었다. 그래서 오토바이보다 한 단계 업그레이드해서 경차 한 대를 중고로 더 뽑았다.

두 번째 애마는 우리에게 아주 특별하다. 단순한 이동 수단만이 아니라 청년장사꾼의 홍보 수단이기도 하기 때문이다. 우리는 이 차에 '열정카'라는 이름을 붙여 우리만의 특색을 입혔다.

'출동! 청년장사꾼'

'마음만은 벤츠다'

'사장님! 열정 만땅이요!'

움직이는 간판처럼 청년장사꾼을 드러내는 문구들을 좌우로 적어놓고 '열정'과 '정열'을 상징하는 불꽃 모양 그림까지 넣었다. 열정감자와 열정꼬치 로고도 위쪽 공간에 빠짐없이 적었다.

길가에 '열정카'를 세워놓으면 지나가던 사람들이 꼭 한 번씩은 돌아본다. '마음만은 벤츠다'라는 문구를 보면 재밌다고 웃으며 사진도 찍어간다. 나와 연석 형은 외부 미팅을 갈 때 열정카를 타고 움직이는데, 만나는 분들마다 열정카를 보면 '딱 청년장사꾼다운 차네!'라며 좋아해주신다.

사실 열정카를 타면 행동이 더 조심스러워지기도 한다. '우리는 청년장사꾼입니다'라고 대놓고 돌아다니는 것이라 함부로 다닐 수가 없다. 언제 누가 우리를 알아볼지 모르기 때문에 운전 법규도 절대 어길 수가 없고, 주차도 잘 해놓아야 한다. 어쩌면 '열정카'는 우리를 돌아보게 해주는 거울과도 같은 존재기도 하다.

한번은 지인 한 분이 열정카를 보고 "진짜 벤츠처럼 대하고 있나?"라고 우리에게 물은 적이 있다. 표현으로 그치는 게 아니라 진심으로,

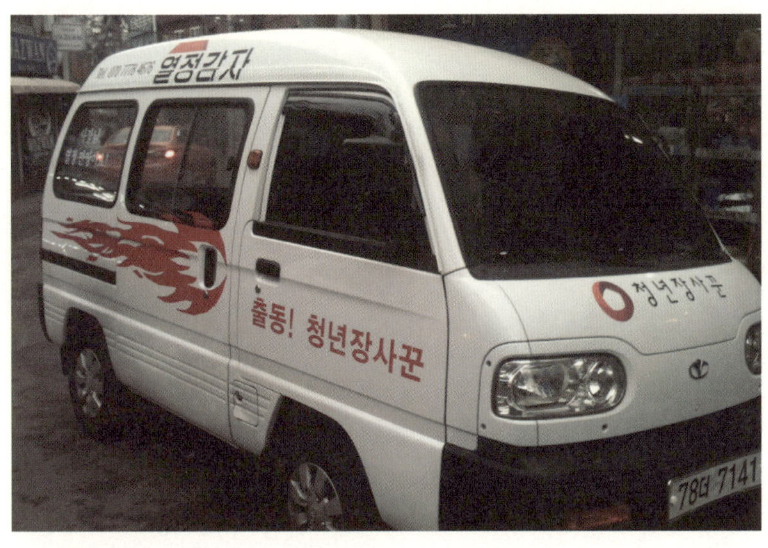
열정감자
출동! 청년장사꾼
청년장사꾼
78더 7141

마음만은 벤츠다

실제로 그렇게 대하고 있느냐는 충고였다. 사실 그때 다마스 안은 많이 너저분했다. 마음만이 아니라 진짜 벤츠처럼 아끼고 깨끗이 청소하는 게 중요한데 말이다. 그때부터 음료수 캔이나 쓰레기가 굴러다니지 않도록 열정카 안 청소도 열심히 하게 되었다. '열정카'는 이렇게 우리의 땀을 가득 싣고 여전히 잘 달리고 있다.

그럼, 우리의 세 번째 애마는? 3호점 이후로 매장도, 멤버들도 계속 더 늘었기 때문에 큰 마음먹고 한 대 더 마련했다. 무려 11인승 그랜드 스타렉스로!

작은 오토바이로 시작했던 청년장사꾼의 기동대는 이렇게 나날이 커져만 갔다. 스타렉스를 처음 샀을 때, 멤버들 모두가 환호성을 질렀다. 다마스에 다닥다닥 붙어서 타지 않아도 되니 다들 엄청 신 나 했다. 아직 열정카처럼 재미나게 꾸미지는 못했지만, 디자인을 담당하는 멤버 영리의 손길을 거쳐 한층 더 폼 나는 두 번째 열정카로 거듭날 예정이다.

06

2층 매장,
어떻게 사람들을 올라오게 할까?

매장들은 어느덧 각자의 개성으로 자리를 잡았다. 1호점 카페 벗은 수익은 크게 나지 않는 매장이지만 지역 활성화 프로젝트(이에 대해서는 뒤에서 자세한 이야기를 풀어놓으려 한다)를 위한 거점의 기능을 충실히 해주었고, 2호점 열정감자는 가장 사랑받는 매장으로 나날이 커갔다. 2월에 오픈한 3호점 열정꼬치도 단골손님들과 추억을 쌓으며 잘 굴러가고 있었다.

"뭔가 한번 모험을 해보자!"

우리는 이 시점에서 새로운 기회를 찾기 시작했다. 1호점에서 3호점까지는 매장의 크기가 많이 작았다. 이번에는 좀 다른 시도를 해보고 싶었다. 이태원이나 경복궁이 아닌 새로운 지역에, 조금 큰 매장을 내보는 것. 그리고 아이템은 감자로 정해서 '2호점 열정감자'의 성공을 다시 한 번 만들어보는 것.

다시 새로운 버전의 감자집, 4호점을 오픈하기 위한 여정에 돌입했다. 좋은 자리를 알아보러 다니던 중 하루는 열정카를 타고 공덕 쪽을 지나는데 눈이 번쩍 뜨였다. 주변에 오피스들이 밀집해 있어 기본적으로 유동인구가 많았고, 퇴근시간 이후에도 영업이 이어지는 상권이었다. 퇴근하고 회식 등을 위해 모여든 손님들이 많아서 늦게까지 영업을 하는 가게들이 많았다.

바로 다음 날부터 '공덕 상권'을 집중적으로 둘러보기 시작했고, 세 군데 정도로 자리를 추렸다. 한 곳은 큰길가에 있지만 2층이었고, 다른 두 곳은 골목 안쪽에 있었지만 1층 자리였다. 우리는 한 달 정도 매일같이 해당 상권을 찾아가 조사를 하며 어디가 좋을지를 두고 토론을 이어갔다.

"2층이지만 그래도 큰길에서 잘 보이는 자리에 들어가는 게 지금 우리에게 맞는 도전인 것 같다. 투여할 수 있는 돈도 많은 게 아니기 때문에 월세가 저렴한 2층으로 가자!"

월세는 1층에 비해 쌌지만 꽤 넓은 공간이었다. 우리는 큰길가에 있다는 이점을 최대한 살리고 활용하면서 2층이라는 약점을 극복하는 도전을 해보기로 했다.

4호점의 콘셉트는 투박하고 빈티지함을 극대화한 감자집으로 잡았다. 70~80년대 미국 영화에 나올 법한 햄버거집의 이미지를 떠올렸다. 이번에도 인테리어 디자인 작업은 3호점 때 도움을 줬던, 그리고 청년장사꾼을 너무 잘 이해하고 있는 재민이 형의 도움을 받았다. 우리는 함께 머리를 맞댔다.

"사람들을 어떻게 2층으로 올라오게 만들까?"

이 문제를 풀어야 하는 게임이었다. 일단 매장 외부 인테리어에 힘을 최대한 실어야 한다. 안 보이려야 안 보일 수 없는 매장을 만드는 것이 목표! 벤치마킹할 수 있는 것부터 닥치는 대로 찾아봤다. 인테리어, 간판, 소품들까지 아이디어를 얻을 수 있는 온갖 자료들을 조사하고 함께 공유하기를 반복했다.

"대형 감자 모형을 만들어 2층 간판에 붙여보자!"

재민이 형이 감자 모형을 디자인하고, 건축학을 전공한 연석 형이 소질을 살려 미니 모형(목업mockup)을 먼저 만들어봤다. 작은 사이즈로 샘플을 제작해보니 감이 왔다. 간판 사장님께 실측 치수와 함께 우리가 만든 모형을 건넸다.

그리하여 만들어진 것이 지금 4호점 공덕 감자집 전면에 붙어 있는 6미터의 대형 감자 모형 간판이다. 밤에는 멀리서 봐도 환하게 빛나는 네온사인 입체 간판!

일단은 크기부터가 어마어마하기 때문에 눈에 안 띌 수가 없다. 게다가 매장 자리가 오거리 코너에 있기 때문에 커다란 간판의 이점은 더욱 살아났다. 이 간판 덕분에 오픈하기도 전에 언제 문을 여느냐고 물어오는 사람들도 꽤 많았다.

간판을 제외하고 2층 매장 전면부는 유리창을 그대로 살렸다. 매장 내 테이블은 유리창 바로 앞으로 배치해서 매장 밖에서도 앉아 있는 사람들이 보일 수 있도록 했다. 매장 안이 사람들로 꽉 들어차 보이는 게 중요하기 때문이다. 사람은 사람을 끌어오는 힘이 있으니까!

매장 앞에 설치할 X배너도 만들었다. 큼지막하게 로고를 쓰고 '테이크아웃'도 가능하다는 문구도 적어 넣었다. 그리고 마지막으로, 2층 매장으로 손님들을 올라오게 만들 결정적인 방법! 우리의 최대 무

청말미숫는다!
청년팝사랑
world
마포 왕 족발
703-0688
마포 왕 족발
SK
SKT

기인 '맨 파워' 그리고 '인사'를 활용한 전략을 세웠다. 2층 매장으로 들어오는 1층 입구 앞에서 지나가는 손님들한테 인사를 하면서 감자 튀김을 시식해볼 수 있도록 하자. 우리는 각종 시식용 도구와 물품들까지 착착 준비해나갔다.

07

최고의 마케팅은 돈으로 되는 게 아니다

2013년 8월 4일. 4호점 오픈 준비가 막바지에 이르렀을 때다. 우리는 매장에서 마감 정리를 하며 다 함께 둘러앉아 핸드폰 DMB를 켰다. 이날은 MBC 「시사매거진 2580」에 '시장으로 간 청년들'이라는 제목으로 청년장사꾼의 이야기가 나오는 날이었다. 우리 모두는 설렘과 긴장을 가득 안고 숨죽인 채 프로그램이 방영될 화면에 온 신경을 집중했다.

방송이 시작되니 여기저기서 연락이 오기 시작했다. 청년장사꾼 매장이 TV에 나온다며 축하한다는 메시지들이었다. 그리고 몇 분이 흘렀을까, 축하의 메시지가 계속 들어오는 가운데 듣게 된 대박 소식!

"야, 네이버 한번 들어가봐라!"

청년장사꾼이 포털사이트 네이버에서 검색어 순위도 접수했다는 거였다. 우리는 모두 흥분을 감추지 못하고 다들 초고속으로 각자 핸드폰 네이버 화면을 켰다. 청년장사꾼, 열정감자가 실시간 검색어에 올라 있었고, '열정감자'는 빠르게 2위까지 올라갔다.

"야, 야, 열정감자 검색해! 1위 찍어보자!"

모두가 소리를 지르며 검색을 하고, 또 검색을 했다. 그리고 어느새 '열정감자'는 '실시간 검색어 1위'로 올라섰다.

멤버들 모두 흥분의 도가니였다. 우리는 계속 "대박, 대박"을 외치며 실시간 검색어 창을 캡쳐하느라 정신이 없었다. 이 기쁜 소식을 전파하느라 다들 장난이 아니었다.

청 년 장 사 꾼 　 페 이 스 북

열정감자, 포털 실시간 검색어 1위 등극!

MBC「시사매거진 2580」에 '시장으로 간 청년들'이라는 주제로 열정감자와 열정꼬치 그리고 이제 곧 오픈 예정인 4호점까지 TV에 나왔습니다!
그리고 그 결과, 네이버 실시간 검색어 1등!!!
이 많은 관심과 성원에 보답하기 위해서 우리 청년장사꾼은 어제보다 오늘, 오늘보다 내일 더 열심히 팔겠습니다. 항상 감사하고 고맙습니다.

이렇게 페이스북에 올린 글 또한 폭발적인 반응을 얻었다. '좋아요' 수는 끊이지 않고 올라갔다. 이전에도 TV에 방송된 적은 있었지만, 이렇게 큰 주목을 받은 건 처음이었다.

하늘도 우리의 뜨거운 열정에 감복한 걸까? 이렇게 방송에 나오고 실시간 검색어에 오른 것은 정말 큰 기회였다. 4호점 오픈 D-2. 완벽한 타이밍이었다.

정말 운이 좋았다고 말할 수 있지만, 이 운 역시 청년장사꾼 멤버들이 모두 한 뜻으로 열심히 만들어온 것이다. 스타트업 기업의 직원들은 한 명 한 명이 그 기업의 최고 홍보 수단이자 얼굴이다. 내가 회사고 회사가 나인 셈이다. 우리 멤버들은 다 한 명, 한 명이 청년장사꾼이다. 그렇게 각자가 누구보다 열심히, 재미있고 활기찬 매장을 만들어가기 위해 애써온 과정이 결실로 이어지고 있다고 믿고 있다.

홍보 활동도 마찬가지다. 우리는 멤버들 각자가 가진 네트워크를 적극적으로 모으고 활용한다. SNS로 홍보를 할 때도 멤버 모두가 함께 공유하면 더 오랫동안 사람들의 타임라인 위에 뜨기 때문에 홍보효과는 더욱 커진다. 뭐든 제대로 모이면 힘이 되는 법이다.

청년장사꾼은 시작 초기부터 SNS를 적극적으로 활용했다. 돈을 쓰지 않으면서 가장 효과적으로 홍보할 수 있는 공간이기 때문이다. 페이스북은 여러 이슈들을 즉각적으로 홍보하는 데 효과적이다. 또 블로그는 우리의 콘텐츠를 지속적으로 쌓아갈 수 있다는 점에서 효과적이다. 블로그에는 청년장사꾼에 대한 소개, 매장 안내, 교육 프로그램, 주요 프로젝트 등에 대한 콘텐츠가 카테고리별로 기록돼 있다. 블로그에는 꾸준히 글을 올려야 방문자 수를 유지할 수 있기 때문에 1호점 카페 벗 오픈 이후로 매일 일기를 쓰듯 콘텐츠를 올리고 있다.

2014년 7월, 우리는 한 번 더 공중파 방송을 탔다. KBS「다큐 공감」에 청년장사꾼의 이야기가 메인으로 소개된 것이다. 우리는 이때에도 SNS 대비를 더 단단히 했다. 방송에 메인으로 소개되는 기회를 최대한 잘 살려야 했다.

'사람들에게 이걸 어떻게 알릴까?'

페이스북으로 알리고 홍보하는 것은 기본이다. 어떻게 하는 게 가장 효과적일까를 고민해야 했다. 사람들이 TV를 보고 네이버에서 청년장사꾼을 치면?

검색해보니 제일 위에 노출되는 것은 청년장사꾼 블로그다. 블로그를 클릭해보니 가장 상위에 있는 글은 가장 최근 모집하고 있는 교육 프로그램에 관한 정보와 뉴스레터다. 이걸로는 한눈에 청년장사꾼이 뭐하는 단체인지 알아보기 힘든 레이아웃이었다.

이 상황을 발견한 것은 다큐 방영 당일 저녁 7시. 다큐가 시작되는 시간은 밤 11시였다. 4시간 만에 블로그의 구성을 바꾸는 미션이 시작됐다! 목표는 청년장사꾼이 해온 활동과 프로젝트, 비전이 한눈에 들어오게 만들기. 탁월한 능력을 겸비한 우리의 멤버 단이가 팔을 걷어붙이고 빛의 속도로 작업을 시작했다.

단이는 블로그 레이아웃을 바꾸고, 청년장사꾼의 주요 활동 8가지를 뽑아서 새로운 콘텐츠를 만들었다. 이미지 편집까지 마쳐서 마치 홈페이지 같은 블로그를 완성해냈다. 옆에서 또 다른 멤버 수진이도 톡톡히 서포트를 해줬다. 「다큐 공감」 PD님한테서 동영상 파일을 받아 2분짜리로 편집해 하이라이트 영상까지 만든 것이다. 이렇게 SNS를 최대한 활용해서 홍보 효과를 두 배 세 배로 만들었다.

「다큐 공감」의 효과는 정말 어마어마했다. 그 방송을 본 대전의 여고생 네 명이 우리 매장을 찾아온 '사건(!)'도 벌어졌다. 여고생들은 "김밥 오빠를 보러 왔다"며 멤버 기원이를 찾았다. 다큐에서 멤버, 기원이가 일하다가 김밥을 먹으며 인터뷰를 하는 장면이 나왔는데, 힘들긴 하지만 재밌게 일하고 있다며 "꿈 때문에"라는 명언을 남겼다. 그래서 붙여진 기원이의 별명이 '김밥오빠' '꿈 때문에 오빠'다.

멀리서 찾아온 여고생들 덕에 기원이는 좋아 죽으려 했고, 멤버들은 웃겨 죽을 뻔했다. 기원이는 학생들에게 사인도 해주고 함께 사진도 찍으며 즐거운 추억을 만들었다. 그리고 이후 페이스북으로 연락이 닿아 그 여고생들과 친구 맺기까지! 우리는 여고생 친구들이 너무 기특해서 상품권을 보내주기도 했는데, 기회가 되면 '김밥오빠의 강연회'라도 열어볼까 싶다. SNS의 힘은 정말 무시할 수 없다.

꿈 때문에

손님이 짜다면 짠 거고, 덥다면 더운 거다

2013년 8월 6일. 4호점이 드디어 오픈을 했다. 대형 감자 모형 간판이 힘을 발휘한 덕에, 또 방송 효과까지 본 덕에, 매장을 찾아준 손님들이 정말 많았다.

4호점 매장은 규모가 20평 정도 된다. 1~3호점 매장 크기를 다 합친 것보다도 큰 매장이다. 우리는 나름대로 더운 날씨에 대비하여 에어컨을 두 대나 설치하고 풀가동을 했다.

그러나 더위는 우리가 예상했던 것보다 더 강력했다. 튀김기 앞에서 일하는 멤버는 열기 때문에 그야말로 땀범벅인 채로 일했다. 더 큰 문제는 손님들이 있는 홀도 그다지 시원하지가 않다는 점이었다. 우리는 손님들한테 더 활기차게 인사를 하고 접객을 하려고 노력했다.

그럼에도 나가는 손님들에게 "맛있게 드셨어요?"라고 물어보면 "너무 더워요"라고 돌아오는 대답이 90%였다.

사실 일하는 우리는 충분히 참을 수 있는 정도였다. 하지만 손님들의 입장은 다르다. 더운 여름에 음식점에 들어가면 에어컨을 빵빵하게 켠 시원한 매장을 기대하기 마련이다. 그 기준에 따르면 우리 매장은 이미 탈락인 셈이었다. 유니폼 등판 문구가 떠올랐다.

"손님이 짜다면 나도 짠 거임."

그렇다. 손님이 덥다면 더운 거다. 대책 마련이 시급했다.

'대형 에어컨을 더 사야 할까?'

매장이 넓어서 이미 공사비용이 다른 매장에 비해 월등히 많이 들었다. 하지만 다른 방도가 없었다. 처음 오픈했을 때 사람들이 많이 오면 '오픈발'이라고들 하는데, 이때 온 손님들을 잡지 못하면 이후로 승산은 없다. 초반 이미지가 좋지 않으면 금방 소문이 나게 되고, 특히나 오피스가 많은 지역 특성상 회사 안에서 이야기가 잘못 돌면 바로 내리막길을 걸을 수도 있는 일이었다. '일주일만 지나면 무더위도 지나갈 거야' 하고 안이하게 대처하다가 아무도 찾지 않는 곳으로 만들 수는 없었다.

다음 날, 초대형 에어컨 한 대와 선풍기 8대를 추가로 주문해 곧바로 설치했다. 쓸 땐 써야 했다. 비용이 많이 들었지만, 필요하다는 판단을 내린 이상 지체할 이유가 없었다. 우리는 이렇게 손님들의 불만 사항을 하루 만에 해결했다.

손님이 짜다면
나도 짠거임

손님이 한 말을 가볍게 지나치는 일을 나는 경계한다. 같은 말을 여러 사람으로부터 반복적으로 듣게 되면 문제는 걷잡을 수 없이 커지게 마련이다. 우리가 만든 매장이라 우리가 제일 잘 안다고 생각하는 건 오산이다.

매장을 잘되게 하는 건 만든 사람이 아니라 오는 사람들이다. 그러니 당연히 오는 사람들의 관점에서 사고해야 하는 것이 맞다. 오는 사람의 관점에서 볼 때 뭔가 문제가 포착된다면 지체 없이 곧바로 해결하는 일이 무엇보다 중요한 것이다.

고객 컴플레인과 관련해서는 제일 장사가 잘되는 매장인 2호점 감자집도 예외는 아니었다. 가장 인기가 많은 매장이기 때문에 그만큼 신경 써야 하는 것이 생긴다. 여기는 매장 앞으로 테이크아웃 줄과 자리를 기다리는 줄이 항상 있는데, 여름엔 덥고 겨울엔 추운 것이 문제다.

너무 더운 날씨 탓에 기다리는 손님들의 짜증 지수가 오를 때는 편의점에 뛰어가서 종이컵을 한 줄 사와 얼음을 띄운 물을 나눠드리기도 했고, 너무 추운 겨울에는 따뜻한 캔커피를 사 와서 돌리기도 했다. 그럼 봄, 가을은 문제가 없었냐고? 아니다. 봄에는 황사가 너무 심해서 기다리는 손님들에게 방진 마스크를 돌린 적도 있었다. 일단, 손님들의 불만이 접수되면 어떤 수를 쓰든 해결하는 것이 우리의 일이었다.

한편, 컴플레인은 꼭 손님들한테서만 나온다는 보장도 없다. 4호점 공덕 감자집이 자리를 잡아가기 시작할 무렵, 또 한 번 문제가 터진 일이 있었다.

우리 매장에서 아래층으로 물이 새 화가 난 아래층 사장님이 올라와 불만을 제기했던 것이다. 일단 물이 새는 원인을 파악해야 했다. 여기저기 수소문해보니, 상수도 문제였다. 옆집에서 물을 틀고 휴가를 다녀온 것. 누구의 잘잘못을 떠나 이웃과의 관계에 대해 다시금 생각해보는 계기도 됐다.

만약 우리가 오픈하기 전부터 주변 이웃 분들과 좀 더 친분을 쌓아두었으면 이런 일이 벌어졌을 때 사장님이 이렇게 크게 화를 냈을까? 먼저 인사 드리고 이런 저런 이야기도 나누고 했으면 좀 더 좋은 분위기에서 문제를 해결할 수 있지 않았을까 하는 생각이 들었기 때문이다. 주변 상인과의 관계는 정말 어렵다. 상권이 발달되어 경쟁이 치열한 곳일수록 더 그렇다.

한치 앞을 내다볼 수 없는 것이 장사다. 물론 어떤 사업이든 미래를 예상치 못하는 것은 마찬가지다. 직장인이나 자영업자나 매일 새로운 난관에 부딪히는 게 인생일 터다. 하지만 내 앞에 닥친 난관을 돌파하는 맛이 또 인생의 맛 아닐까 싶다. 우리는 그렇게 생각하며 문제에 맞선다. 청년장사꾼답게 해결하는 방법을 찾는 거다. 그거면 된다.

공덕에 가면
공덕 법을 따라야지?

4호점 공덕 열정감자. 새로운 지역에서 시작했던 우리의 도전이 성과로 이어지기까지는 우여곡절이 많았다. 한 가지 문제를 해결하면 다른 문제가 터지고, 또 그 문제를 해결하면 어김없이 새로운 일이 터지곤 했다. 무엇보다 가장 풀기 어려웠던 문제는 역시 '사람'에 관한 것이었다.

2호점 경복궁 열정감자가 있는 서촌 같은 경우는 시골 마을처럼 정겨운 분위기가 나는 동네다. 시장 골목이어서 그런지 매장 안보다는 야외 테이블에서 시끌벅적하게 먹는 게 더 어울리기도 했다. 지나가는 분들에게 인사를 하고 재미있는 말을 건네면 웃으며 답을 해주는 분위기가 자연스럽게 이뤄지는 곳이다. 바로 근처에 붙어 있는 3호점 열정꼬치도 그랬다.

"안녕하세요! 어, 빨간색 니트가 참 잘 어울리세요. 그 니트와 잘 어울리는 정열적인 감자를 팔고 있습니다! 오셔서 맛 한번 보세요~."

지나가는 손님 한 명을 콕 집어 말을 건네면, 무심코 걷던 손님도 '빨간 니트' 하는 순간 '어?' 하면서 쳐다보게 된다. 가능한 한 재치 넘치게, 유쾌한 기분이 들 수 있도록 손님에게 관심을 보이며 말을 건네는 것이 중요하다.

"추울 때는 이한치한, 모르세요? 뼛속까지 얼얼한 크림맥주에 감자튀김 어떠세요?"

이렇게 얘기를 건네면 추위에 움츠려 걷던 직장인들이 허허 웃으며 가게로 들어오기도 한다. 2호점 열정감자에서는 매장 앞에서 종종 맛보기 시식을 권하기도 하며 손님들과 대화의 물꼬를 트고, 그러면서 손님들을 자연스럽게 이끌 수 있다.

이런 분위기에서 1년 정도 일을 하며 몸에 밴 노하우는, 안타깝게도 공덕에서는 쉽사리 통하지 않았다. 공덕 매장은 시장 골목과는 전혀 다른 분위기였다. 우리 멤버 중 누구보다 적극적으로 화기애애하게 대화를 이끌던 긍정의 아이콘 동규도 애를 먹었다.

공덕은 전형적인 오피스 상권이다. 심지어 그 지역 직장인들 대부분이 고액 연봉자들이다. 업무 피로도가 높은 경우가 많아서인지 시크한 듯 무심한 스타일의 비즈니스맨들이 많은 편이다. 그래서인지 농담을 던져도 돌아오는 반응은 '싸 하거나' 무반응이었다. 늘 손님들과 흥겨움을 연출하던 우리였는데, 공덕에서는 꼭 우리만 딴 세상 사람들이 된 기분이었다.

그곳 분위기에서는 우리처럼 장사하는 사람들이 없었기 때문에 충분히 우리가 별스러워 보일 수 있었을 것이다. 이 분위기를 역전시키기까지 우리는 그동안 해왔던 것보다 배는 더 공을 들여야 했다.

'공덕에 왔으니 공덕 법을 따라야 하나?'

하지만 쉽게 포기하는 우리가 아니지 않은가!

"어떻게 하면 이 사람들을 우리 단골로 만들 수 있을까?"

재미있게 장사한다는 우리만의 특색은 살리되, 회사원들의 입맛에 맞는 분위기를 끌어내는 데 주력하며 다양한 시도들을 했다.

| 청 년 장 사 꾼 　 페 이 스 북 |

4호점 열정감자에서 만세를 외쳐라!

8월 15일 광복절을 맞이해서 공덕 열감에서는 태극기를 걸어두고 이벤트를 준비했습니다. 매장 안에 입장과 동시에 '대한독립만세'를 외치시면 시원하게 'Size UP' 해드립니다.

[point] 완벽히 유관순 열사에 빙의한다. 해방을 맞은 듯 우렁찬 목소리! 큼직한 만세동작!

　1층 입구에는 이벤트 안내문을 정성껏 적어놓은 입간판을 갖다놓았다. 과연 얼마나 참여해줄지 걱정 반 기대 반의 마음으로 손님들을 기다렸다.

　드디어 손님 입장!

　“어…… 대한독립만세.”

　“대한독립만세!”

　우리는 손님이 들어올 때 옆에서 분위기를 띄우려고 더 적극적으로 움직였다.

　“와! 더 크게 외쳐주세요~!”

　“저희와 함께, 저희보다 더 크게!”

　“대한독립만세~!”

　초반에는 어색하게 쭈뼛거리며 작게 외치는 분들도 있었지만, 분위기가 한번 형성되자 매장 안은 점점 활기가 더해졌다. 매장 안이 꽉 차고 나니 손님들은 저마다 다양한 동작을 겸하며 이벤트에 재미있게 참여해주었다.

　이날은 우리만의 외침이 아니라 손님들과 함께 분위기를 고조시켰다는 점에서 남다른 기점이 된 날이었다. 역시 손님이 맘껏 즐거워하는 모습을 볼 때 우리도 덩달아 신 난다.

　이후로도 4호점에서는 다른 매장에서는 못했던 이벤트를 여럿 기획해서 진행했다. 매장이 넓고 홀도 커서 손님들의 참여를 이끄는 이벤트를 많이 시도해볼 수 있었다.

한글날 이벤트이기 때문에 이날만큼은 특별히 메뉴 이름도 바꿨다.
치킨텐더는 닭 조각, 어니언링은 양파 튀김, 고구마스틱은 고구마 막
대. 페이스북에 미리 이벤트 공지를 올린 후에는 매장을 찾은 손님들
에게도 사전 홍보를 열심히 했다.

그리고 한글날 당일. 호응이 없거나 참여율이 저조하면 어쩌나 하
는 걱정도 잠시, 우리는 또 한 번 손님들의 열화와 같은 반응을 이끌
어냈다.

월드컵 시즌 때도 다른 매장들은 비교적 조용하게 치렀지만 직장인
들이 많은 공덕 감자집은 왁자지껄 이벤트를 준비했다. 멤버들은 월
드컵 기념 분장까지 갖추고 붉은 악마를 방불케 하는 응원 분위기를

열정감자
Russian Potato
CRISPY FRIES & CREAMY BEER
열정감자 공덕의 한글날 기념
문제 맞추기 행사!
8시, 9시, 10시, 11시 정각 진행!

끌어냈다.

이제 매장에서 진행하는 이벤트들은 내가 없어도 각 매장의 멤버들이 더 적극적으로, 또 주도적으로 진행한다. 우리 매장만의 문화를 만들어가는 것, 다시 오고 싶은 재미있는 매장으로 키워나가는 것. 이는 누가 뭐라 해도 우리 청년장사꾼 멤버들이 가장 잘하는 것이라 자부한다. 그리고 바로 이 점이야말로 우리가 장사로 돈 버는 가장 확실한 지름길이기도 하다.

매장은 공사 중,
그래도 영업은 계속돼야 한다!

2013년 10월, 어느덧 2호점 경복궁 열정감자도 오픈한 지 1년이 되었다. 우리는 1주년 이벤트로 할 만한 '임팩트' 있는 게 뭐가 있을지 아이디어를 모았다.

우선, 가장 먼저 생각할 수 있는 것은 '가격할인' 이벤트다. 하지만 가격할인 이벤트를 할 때 조심해야 할 점 중 하나는 가격 할인이 오히려 부정적인 인식을 불러일으키지 않도록 해야 한다는 것이다.

예를 들어, 원래 1만 원짜리인 물건이 있는데 특별 행사로 8000원으로 판다고 해보자. 그런데 만일 손님들의 입장에서 '오, 싸게 파네?'가 아니라 '뭐야, 8000원으로 팔아도 남나 보네? 그럼 평소엔 대체 얼마나 남는 거지?'라는 생각을 하게 되면, 이건 할인을 안 하느니만 못

136

한 이벤트로 전락하는 것이다. 그러니 아예 할인을 할 거면 확실하게 해서 "우와~!" 소리가 나게끔 해야 한다.

우리는 2호점 매장에서 이미 한 번 '가격할인' 이벤트를 진행해본 적이 있었다. 5월 8일 어버이날, 감사의 달을 맞이한 이벤트 때였다. 3500원인 양념감자 M사이즈를 1000원에 판매하는 파격 할인을 진행했다. 단 그날 모든 판매는 테이크아웃으로만 한정했다.

사실, 이날 가격할인 이벤트를 기획한 데에는 '감사의 의미'에 더해 특별한 이유가 한 가지 더 있었다. 그즈음 2호점은 오픈 후 6개월 정도 지난 시점이었는데, 매장 내부에 수리가 필요한 부분이 몇몇 눈에 띄었다. 바 테이블도 보수가 필요했고, 매장 내부에 그린 벽화도 새롭게 리뉴얼을 하고 싶었다.

그렇다고 내부 공사를 위해 무작정 문을 닫기에는 매출 타격이 클 거였다. 그런데 생각해보니 매장 안에서는 공사를 진행해도, 테이크 아웃 판매는 충분히 가능할 것 같았다. 우리는 매장 내부 업그레이드를 위해 이날은 테이크아웃으로만 판매하되, 대신 가격을 파격 할인

하는 행사를 한다고 알렸다. 누이 좋고 매부 좋은 안성맞춤 이벤트가 된 것이다.

1000원이라는 파격 할인의 효과는 컸다. 이날 테이크아웃 손님 줄은 정말 넘치게 많았다.

"아니, 여기가 대체 뭔데 이렇게 사람이 많아?"

"와, 무슨 롤러코스터 기다리는 줄 같네!"

손님들이 줄을 서 있는 만큼 홍보 효과가 큰 것도 없다. 길게 늘어선 줄은 2호점 열정감자의 자랑거리 중 하나가 됐다.

우리는 이날 기대 이상의 판매를 올렸다. 중간에 감자가 모자라서 퀵으로 재료를 받기까지 했다. 또 이날은 매출 말고도 큰 수확을 얻었다. 줄을 서서 기다리는 사람들이 지루하지 않도록 손님들과 재미있게 이야기를 나누며 사전에 준비한 설문조사도 진행해 매장에 대한 손님들의 의견과 평가를 받았던 것이다. 이렇게 모은 설문 결과는 '열정감자'를 업그레이드하기 위한 큰 자산이 되었음은 물론이다.

2호점 열정감자의 1주년 이벤트로 그때의 가격할인 이벤트의 열기를 다시 재현하기로 했다. 이번에는 맥주 500CC를 1000원에 판매했다. 맥주 수요를 감당하기 위해 안쪽에 맥주기계 1대, 바깥에 맥주기계 1대 총 2대로 움직였다. 이날은 빠른 수급을 위해 맥주잔은 파이렉스 잔이 아닌 테이크아웃용 플라스틱 잔으로 전부 대체했다.

"1주년 행사합니다! 맥주 500CC 한 잔에 1000원!"

"테이크아웃은 바로 드려요!"

열정감자 1주년기념
2012년 10월 3일, 하늘이 열린 개천절날 오픈했던 청년장사꾼의 2호점 열정감자!
어느덧 계절이 바뀌고, 해가 바뀌어 오픈한 지 1주년이 되었습니다.
그 동안 열정감자 청년들의 열정을 담아가시고 추억을 주고 가신 여러분들을 위해
오늘 하루, 열정감자의 인기품목 크림맥주 500cc를 1000원에 드립니다!
열정감자의 감자튀김엔 열정도 항상 포함되어 있습니다
감사합니다
BIG EVENT 10/3
크림맥주 500cc 1000원
L
열정감자
pyrex
청년장사꾼

열정감자는 감자튀김뿐만 아니라 맥주도 테이크아웃이 가능한데 이를 모르는 분들도 많았다. 그래서 맥주 할인과 함께 테이크아웃이 가능하다는 홍보도 열심히 했다.

1주년 이벤트는 5월 감사의 달 이벤트 때와는 또 다르게 열기가 대단했다. 맥주 주문이 끊이지 않았고, 감자튀김 등 사이드 메뉴의 판매도 덩달아 늘었다.

이날은 2호점의 최고 매출 기록을 갱신했다. 맥주 500CC는 800잔 넘게 팔았다. 몸은 피곤했지만 기분은 최고였다. 매출이 높으면 멤버들의 사기도 자연히 오른다. 수확이 확실한 것만큼 큰 동기부여도 없다. 그래서 이벤트를 단순히 이벤트로만 끝내선 안 된다. 동기부여, 우리가 놓칠 수 없는 포인트다.

스스로 산을 만들고
산을 넘는다

'어떻게 멤버들에게 더 좋은 동기부여를 줄 수 있을까?'

청년장사꾼을 시작한 이래, 계속 고민해온 주제 중 하나로, 이 역시 우리만의 방법을 하나씩 만들어가고 있다.

매월 초 각 매장별로 멤버들은 회의를 거쳐 목표 매출을 스스로 정한다. 멤버들이 정한 목표를 나와 연석 형이 검토하고 때로는 상향 조정을 하는 등 조율을 거칠 때도 있다. 그렇게 확정된 목표 매출을 향해 각 매장의 멤버들은 열심히 달린다. 목표 매출을 달성하면 급여 이외에 플러스알파로 멤버들에게 인센티브를 지급하고, 달성하지 못하면 인센티브는 지급하지 않는다.

이런 인센티브 제도를 만든 나름의 이유가 있었다. 단순히 돈 때문만은 아니었다. 나는 멤버들이 그냥 장사를 하는 게 아니라 장사를 통해 더 큰 것을 배워나갈 수 있다면 좋겠다고 생각했다. 스스로 목표 매출을 정하는 일은 그냥 숫자를 정하는 게 아니다. 그 달의 매출을 생각하려면, 한 달 동안 발생할 수 있는 많은 변수들을 살피고 고려해야 한다.

이번 달 날씨는 어떨지, 어떤 이슈들이 있을지, 어떤 이벤트를 기획하면 효과적일지, 영업일수는 며칠이고 그중에 주말은 며칠인지, 지난달과 달라지는 점은 뭐가 있을지, 작년과 비교해서는 어떤 추이를 보일지 등 매출을 결정짓는 요소들은 셀 수 없이 많다. 모든 요소들을 컨트롤할 수는 없지만 최대한 많은 정보들을 종합해서 예측을 해보며 목표매출을 정한다. 이러한 과정을 스스로 해보는 것 자체가 큰 도움이 된다고 생각한다.

또한 목표매출을 정한 후, 이를 달성해가는 경험을 하는 것도 멤버들에게는 성장을 위한 더 없이 좋은 과제가 된다. 멤버들은 단순히 인센티브를 받기 위해 열심히 일하는 게 아니다. 자신이 설정한 목표를 달성하는 성취감, 그것이 주는 기쁨을 스스로가 가장 잘 안다.

실제로 멤버들은 목표매출을 달성하기 위해 할 수 있는 최선을 다하고 있다. 한번은 3호점과 4호점 두 매장에서 말일을 하루 앞두고 목표 달성이 어려워 보이는 매출을 기록하고 있었다. 하지만 멤버들은 포기하지 않고 매출을 끌어올리기 위한 총력전을 펼쳤다.

4호점에서는 오픈시간을 2시간 앞당겨 열고 조금이라도 더 팔아보려는 각종 아이디어를 쏟아냈다. 하필 그날은 일요일이라 직장인 손님들이 많지 않을 때였다. 매장이 만석이 되지 않아 멤버들은 1층 입구에서 맛보기 시식 이벤트를 더 열성으로 했고, 일반 크림맥주보다 가격이 비싼 슈무커 맥주나 유자맥주의 주문을 유도하기 위해 소스 증정 이벤트도 진행하며 테이블 단가를 높이는 전략도 꾀했다. 그렇게 안간힘을 쓴 결과, 마감 20분을 앞두고 막판에 가까스로 목표매출을 달성하는 기염을 토했다.

3호점은 반대로 마감시간을 늦췄다. 말일에서 4일 전부터 목표매출까지 남은 일수를 고려해 일 목표를 잡고, 목표를 채우지 않으면 마감을 하지 않았다. 하루는 새벽 4시, 또 하루는 새벽 5시도 넘겼다. 그렇게 고생한 끝에 목표매출 달성을 결국 이뤄냈다.

"될 일도 되게 하고, 안될 일도 되게 한다!"

안될 거란 편견을 깨고 결국 되게 하는 게 청년장사꾼이다. 스스로 정한 목표를 향해 달려가는 것, 혼자서가 아니라 멤버들이 함께 가는 것, 그리고 결국 달성해 보이는 것. 시간으로 승부하든, 아이디어로 승부하든 그 과정은 머리가 기억하고 몸이 기억한다.

이렇게 멤버들은 스스로 산을 만들고 산을 넘는다. 어찌 즐겁지 않겠나? 해냈다는 기쁨, 할 수 있다는 자신감. 이 맛은 경험해본 사람만이 안다. 앞으로 어떤 위기와 고난이 닥쳐도 이 성취의 기억과 경험은 청년장사꾼을 이끌어줄 큰 원동력이 될 것이라 믿는다.

전통시장에서 백화점까지,
감자집의 무한도전

전통시장에서 시작한 열정감자가 공덕에 커다란 2층 매장으로 진출한 것도 엄청난 성장이었는데, 그보다 더 큰 열정감자의 프로젝트가 우리에게 떨어졌다. 신세계백화점 강남점에 일주일간 특별 입점 제안을 받게 된 것이다!

신세계백화점 특별 입점은 그만큼 우리가 주목을 받고 있다는 뜻이기도 했다. 이건 또 하나의 기회였고 도전이었다. 백화점 식품관에 들어간다는 것은 지금까지 만나오던 고객층과는 전혀 다른 고객들을 대상으로 장사를 하는 일이었다. 인력이 부족하긴 했지만 우리는 새로운 도전에 뛰어들기로 하고, 신세계백화점 강남점 일주일 행사에 참여를 결정했다.

정말 뭐 하나 쉬운 일이 없었다. 거쳐야 하는 절차부터 만만치 않았다. 제일 힘들었던 것 중에 하나는 식품 허가를 받는 문제. 감자튀김은 무사히 통과가 되었는데, 감자튀김에 찍어먹는 소스가 통과되지 않은 것이다. 소스를 받는 업체들에 전화를 해서 서류를 떼고 보내야 하는데 필요한 서류만 14가지. 이 까다로운 과정을 통과하기 위해 몇 날 며칠 발품을 팔았다. 그리고 다행히 입점 전에 모든 심사에서 통과를 받았다.

백화점은 식품 위생을 정말 중요하게 생각하기 때문에 입점 자체가 쉽지 않은 곳이다. 우리는 까다로운 과정을 거쳤지만, 결국 철저한 위생 허가를 받았고 그래서 우리가 판매하는 상품에 대한 자부심도 더 커졌다.

신세계 입점 프로젝트의 팀장은 당시 4호점의 점장이었던 준모가 맡았다. 준모는 아침마다 강동구에 있는 감자 창고에 가서 직접 물품을 받아 백화점으로 가져갔고, 하루 종일 쉴 틈 없이 일했다. 백화점은 준수해야 할 업무 규정도 많았는데, 작업 공간 안에서는 물도 마시지 못했다. 한 명은 계속 감자를 튀기고, 한 명은 결제를 위해 결제 창구까지 왔다 갔다를 반복하고, 한 명은 줄을 안내하며 맛보기 시식을 하고, 한 명은 소스와 물티슈, 감자를 담아 손님에게 건넸다.

백화점 담당을 제외한 나머지 멤버들은 포장 시 필요한 물품들을 미리 준비하는 데 힘을 보탰다. 감자집 매장에서는 감자튀김을 종이로 만든 고깔에 넣어 주는데, 그 고깔은 일일이 우리 멤버들이 다 접는 것이다. 매장에서는 오픈 준비하는 멤버들이 당일 판매할 수량에 맞게 접고 시작하면 문제없었는데, 백화점 물량을 더해야 해서 나머지 멤버들이 밤 시간을 쪼개 가내수공업에 들어간 것이다.

고깔 종이만 접어서 끝나는 게 아니다. 고깔을 넣는 종이봉투에는 빨간색 로고 도장도 직접 찍는다. 포장할 때 같이 나가는 소스도 백화점 물량만큼 미리 1000개씩 종지에 짜고 뚜껑을 닫는다.

백화점 입점 기간 동안 이렇게 피 말리는 빡센 일정을 소화했다. 물론 보람은 컸다. 그때 같이 행사로 들어간 팀들 중 우리는 매출 2위를 기록했다. 1위를 했던 품목은 우리가 판매했던 감자튀김과 단가가 2배 이상 차이가 났기 때문에 판매 갯수로만 따지면 우리가 1위였다. 비록 초기 투자비가 꽤 들었기 때문에 수익은 못 냈지만, 우리를 크게 홍보할 수 있었고 다양한 손님들에게 접객을 해보는 경험을 했기 때문에 좋은 경험이 됐다.

이후에도 우리는 다른 백화점에서 입점 요청을 여러 번 받았다. 매장 상황을 고려해 몇 번은 고사했지만, 신세계백화점 경기점은 한 번 더 해보기로 했다. 멤버 중 시형이가 집에서 워낙 가까운 거리에 있어서 그곳 상황을 파악해보니, 경기점 식품관은 수익을 크게 올릴 수 있겠다는 판단이 들었기 때문이다. 그리고 백화점에서 일해보지 않은 멤버들에게도 이 경험을 꼭 주고 싶었다. 경기점 멤버는 백화점에서 일해보고 싶은 멤버들로 자원을 받아 팀을 구성했다.

결과는, 강남점보다 더 대박이 났다. 강남점 때 샀던 집기들을 그대

열혈청년 서촌 맛집
열정감자
열정감자는 청년 장사꾼들이 모여
서촌에서 처음 문을 연 감자튀김
전문점입니다. 주문 즉시 튀겨내는
감자칩에 10여 가지의 소스를 선택하여
다양하게 즐길 수 있습니다.

로 활용했고, 백화점에서 일하는 요령도 익혔던 덕분이었다. 자원한 멤버들이 열심히 접객을 한 덕에 일주일 내내 감자튀김을 먹으러 온 손님도 있었다. 또 이날 우리를 처음 알게 된 손님들이 경복궁 2호점과 공덕 4호점 매장을 찾아서 다시 방문해주기도 했다.

백화점 입점 프로젝트를 잘 마무리하고 다시 각자의 담당 매장으로 돌아온 멤버들은 저마다 신 나게 백화점 무용담을 늘어놓기도 했다. 날마다 새롭게 겪는 장사의 경험들을 공유하며 우리 멤버들은 이렇게 매일 조금씩 더 성장해간다. 가능한 모든 종류의 장사를 다 해보는 그날까지 우리의 도전은 아마도 계속될 것이다.

정을 만나면
정열이

감자살래
나랑살래

크지 않은 매장들, 이 작은 단체를 운영하면서 정말 피부로 느낀 것들이 참 많다. '장사만 잘해서 되는 게 아니구나. 장사는 내가 생각했던 것보다 훨씬 더 큰 거구나' 하는 깨달음과 매순간 마주했다. 그 모든 과정에서 겪은 시행착오며 우여곡절들은 다 부딪쳐가며 배우기 위해 지불한 값진 수업료라고 생각한다. 그래서 청년장사꾼은 날마다 자라고 있다. 함께 부딪치고 함께 배우며 우직하게 커가고 있다.

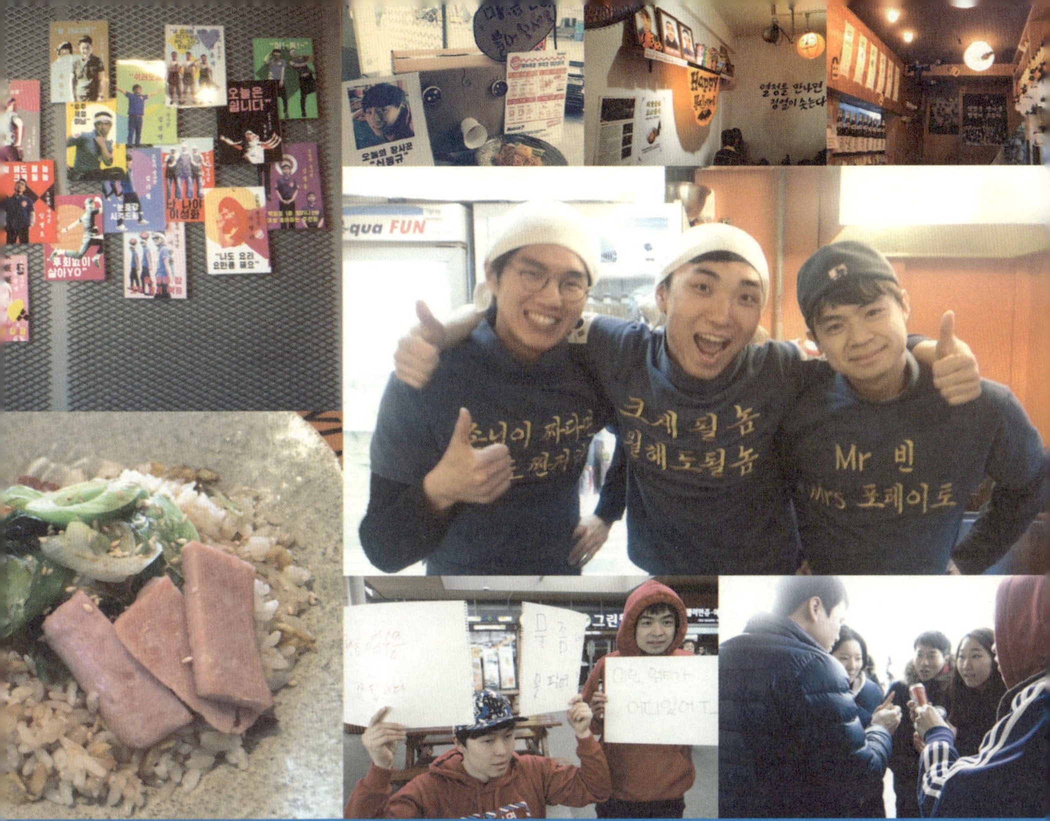

Part3

최고 자산이자 최대 이윤은 '사람'

• '자력갱생'의 정신으로 시작하는 법 •

도대체 진짜 사장이 누구예요?

"여기는 사장님이 누구세요?"

이렇게 물어보는 사람들이 종종 있다. 엄격하게 말하자면, 청년장사꾼은 나와 연석 형이 개인사업자를 내고 투자를 해 매장을 내며 운영 전반을 책임지고 있는 회사다. 하지만 청년장사꾼 멤버들은 나와 연석 형만이 아니라 모두 '사장정신'이 투철하다. 다들 사장의 마음으로 책임감 있게 일하고 있다고 자부한다.

무더운 여름에 오픈한 4호점도 제법 자리를 잡아 선선해진 날씨를 맞았다. 매출도 점점 올라 어느새 투자인원 대비 최대 수익을 기록하고 있었다. 청년장사꾼이 이렇게까지 달려오게끔 이끌어온 원동력은 정말 아닌 게 아니라 멤버들이다. 그래서 어떻게 하면 더 많은 월급을 줄 수 있을까 끊임없이 고민을 거듭하지만, 이는 정말 끝도 없고 또 정답도 없는 문제다. 인센티브 제도도 만들고 여러 방법들을 모색했지만 인건비를 언제까지고 올릴 수만도 없었다.

장사는 하는 만큼 결과가 나오는 굉장히 '정직한' 업이다. IT쪽에서는 3명이 모여도 10억, 30억, 50억 매출도 가능한 부가가치를 창출하는데, 장사는 한계매출이 있다. 3명이서 100만 원을 버는 구조라고 가정하면, 200만 원을 벌려면 6명이 필요하다. 이건 곧 멤버들에게 줄 수 있는 급여에도 한계치가 있다는 뜻이다.

이런 고민이 깊어갈 즈음, 2호점과 3호점이 있는 경북궁 금천교 시장골목 초입에 괜찮은 매장 자리가 하나 났다는 소식을 들었다. 3호점 꼬치집 바로 옆옆 자리로 기존 매장들과 매우 근접해 있는 데다 무권리였다. 당일 결정해야 하는 급매물이었다. 욕심이 났다. 무엇보다 무권리였기 때문에 리스크가 적었다.

보통 매장을 오프하려면 보증금, 권리금, 공사비, 초도물량 등의 비용이 들어간다. 공사비와 초도물량 비용은 되돌려 받을 수 없는 비용이고, 만약 장사가 잘 안 되어 권리금까지 떨어진다고 생각하면 원금 손실의 위험이 커지는 것이다. 하지만 권리금을 안 들이고 매장을 시작했다면, 나중에 매장을 정리할 때 받을 수 있는 권리금으로 초반에 들어간 비용을 어느 정도 보충할 수 있다는 장점이 있는 거다. 나는 이 기회를 어떻게든 잘 살려보고 싶었다.

'멤버들과 나누자. 모두가 사장이 되는 매장 한번 가보자!'

월급과 인센티브 이외에 '플러스알파'를 챙겨줄 수 있는 기회로 만들어야겠다고 생각했다. 멤버들에게 지분 투자의 기회를 주고, 발생하는 수익금을 정확히 분배하는 매장을 내는 것이다.

연석 형과 상의하여 투자의 기회는 청년장사꾼에 들어온 지 1년이 된 멤버들에게 주기로 결정했다. 투자를 하고 싶은데 돈이 부족하거나 없는 멤버들에게는 회사 차원에서 돈을 빌려주고, 매월 분배되는 수익금으로 일정 부분씩 상환을 할 수 있도록 하는 계획도 덧붙였다.

"함께 갈래?"

투자를 할 수 있는 기간이 되는 9명의 멤버들은 만장일치로 모두 '고!' 하기로 결정했다. 이렇게 우리의 첫 공동투자 매장, 5호점의 준비가 시작되었다.

"도대체 여기는 사장님이 누구세요?"라고 누군가 물으면, 정말 다들 뿌듯하게 대답할 수 있게 됐다.

"접니다."

"제가 사장입니다."

"그리고 저도 사장입니다!"

디테일한 투자 비율, 계약사항들을 정하기 위해 해당 멤버들은 더 자주 모여 회의를 했고, 아이템을 어떤 것으로 갈지 정하는 데도 심혈에 심혈을 기울였다. 각자 자신의 돈을 투자한 것이니 만큼, 그 어느 때보다 열띤 토론이 이어졌다. 보통 같았으면 나와 연석 형의 주도로 속전속결 진행했을 테지만, 이번 매장만큼은 멤버들 각자의 의견을 존중하며 심사숙고를 거치는 과정 또한 중요하다고 보았다.

독일식 펍, 전주에서 유명한 가맥집, 과일 막걸리, 칵테일 테이크아웃, 멕시칸 펍, 잔술만 파는 술집 등 다양한 아이디어가 쏟아져 나왔다. 각각 심사대에 오른 뒤 최종 낙점된 아이템은 '골뱅이와 병맥주'였다.

골뱅이는 3호점을 준비할 때 고려했던 아이템 중 하나이기도 했다. 만드는 방법이 복잡하지 않고 단가도 높은 게 장점이었다. 병맥주로만 판매하면 인력도 줄일 수 있겠다 싶었다. 관건은 맛이다. 3호점을 처음 준비할 때는 탈락했던 아이템이지만 이제는 상황이 달랐다. 우리에게는 셰프가 또 있으니까!

마침 현도에 이어 두 번째 셰프 병건이를 영입했다. 병건이는 조리학을 전공한 후 호텔에서 일한 경험도 있고, 이대 앞에서 샐러드를 파는 노점 장사도 해본 친구다. 우리와 비슷한 시기에 창업한 '웃어밥'에서 셰프로 일하고 있어 안면을 트고 지냈다. 몇 번 만나면서 성격이 밝고 요리에도 뜻이 있는 친구라고 생각하고 있었는데, 원래 일하고 있던 '웃어밥'에서 나왔다는 이야기를 듣고 바로 연락을 했다.

"병건아! 뭐하냐, 우리랑 같이 하자!"

그렇게 두 번째 셰프가 들어왔다. 병건이는 을지로에서 유명한 파골뱅이 외에 부추골뱅이, 골뱅이 샐러드, 치즈골뱅이 같은 퓨전 메뉴를 개발했다. 특히 골뱅이 샐러드는 병건이의 필살기이기도 한 오리엔탈 드레싱으로 완성했다. 메뉴의 전략은 기존 파골뱅이에 새로운 골뱅이 메뉴들을 더해 젊은 층을 노려보자는 것이었다.

인테리어는 옛날 느낌의 허름한 가게를 콘셉트로 잡았다. 이번에는 정말 누구의 도움 없이 연석 형의 주도로 디자인에서 공사까지 전부 다 직접 진행했다.

경복궁 야간개장이 시작되는 날을 5호점 오픈 D-day로 잡고 오픈
준비에 박차를 가했다. 매장 벽은 시멘트 느낌을 그대로 살리기 위해
페인트칠을 절반만 했다. 벽에는 매직으로 낙서도 했다. 멤버들이 돌
아가면서 그림도 그리고 글도 썼다. 메뉴판은 종이 박스를 뜯어서 매
직으로 썼다. 유니폼도 재미있게 만들고 싶어서 빨간색, 노란색, 초
록색 트레이닝복을 사고 등판에는 문구를 박았다. 등판 문구는 열정
감자 때와는 또 다르게, 메뉴 이름을 적었다. 색깔에 맞게 노란색 트
레이닝에는 '계란찜', 초록색 트레이닝에는 '부추 골뱅이'를 쓰는 식이
었다. 손님들이 보고 웃으며 사진 찍어 가기에는 충분한 포인트였다.

또한 열정골뱅이에서는 크림생맥주는 취급하지 않고 병맥주만 넣
었다. 다른 골뱅이집과 분위기를 비슷하게 가져가면서 열정감자나

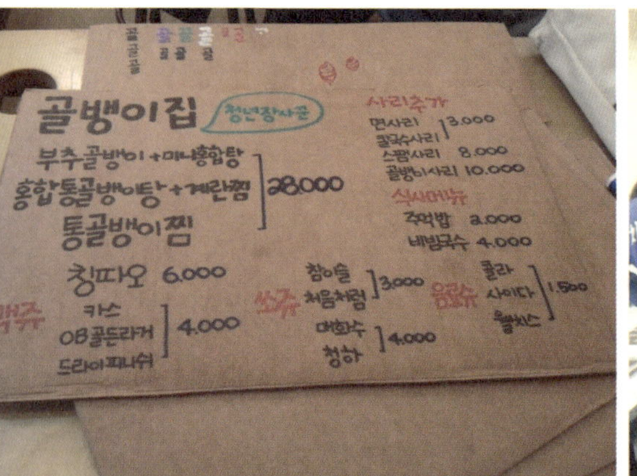

열정꼬치와는 차별점을 두었다. 오픈 초기에는 "여기는 왜 생맥주 없어요?"라고 묻고 또 찾는 손님들도 더러 있었다. 하지만 매장의 콘셉트는 일관되게 지켜가는 것이 중요하다고 생각한다. 손님들의 피드백에 귀를 기울이되, 중심은 흔들리지 않기. 그리고 원칙의 일관성을 지키기! 일정함이 주는 안정감과 기대감은 손님들이 매장에 와서 은연중에 느끼는 중요한 부분 중 하나다.

2013년 10월 16일. 5호점 경복궁 열정골뱅이 오픈!

첫날의 시행착오는 꼭 있다. 이날은 메뉴에 대한 말들이 많았다. 을지로 골뱅이 매니아였던 지인은 우리 파골뱅이가 먹던 거랑 맛이 다르다고 평했다. 치즈골뱅이는 비주얼이 약해 보인다는 지적을 받았고, 사이드 메뉴로 나가는 계란찜은 가장자리가 눌러 붙었다고 다시 해달라는 주문도 있었다. 평가를 받았으니 개선은 필요하다.

“맛은 최대한 잡자. 대신 우리만의 기준은 분명히 세우자. 청년장사꾼은 요식업보다는 ‘서비스업’에 방점이 있다.”

파골뱅이의 기본적인 맛은 최대한 보완하고, 치즈골뱅이 세팅은 좀 더 풍성하게 바꾸고, 여유가 있을 때는 쫀드기 같은 추억의 옛날과자들을 구워서 서비스로 보충했다. 그리고 주문을 받으면서 골뱅이 메뉴에 대한 자세한 설명도 더했다.

“우리는 을지로 골뱅이를 따라한 게 아니라 우리만의 개성을 더했습니다. 파골뱅이는 매운 맛을 좋아하시는 분들에게 추천! 부추골뱅이는 무난하게 새콤달콤한 맛을 좋아하시는 분들에게 추천! 여성분들에게는 가볍게 골뱅이 샐러드나 치즈골뱅이를 추천! 치즈골뱅이는 먹다 보면 치즈가 식을 수 있으니 말씀해주시면 다시 데워드립니다!”

시간이 좀 지나니 골뱅이집도 단골이 생기기 시작했다.

161

그리고 다음 해 2월, 5호점 열정골뱅이에 이은 새로운 버전의 골뱅
이집이 공덕에도 하나 더 생겼다. 4호점 공덕 감자집에서 200미터 정
도 떨어진 위치에 오픈한 청년장사꾼 6호점 마포 골뱅이집! 여기에도
매장 전면에 잔뜩 힘을 주었다. 우유를 담는 빨간 플라스틱 박스들
로 전면 외벽을 덮어 골목 초입에서도 눈에 확 들어온다. 매장 내부
는 5호점의 콘셉트를 활용하되 더 발전시켰다.

| 청 년 장 사 꾼 　 페 이 스 북 |

청년장사꾼 '6호점' 마포 골뱅이집 개봉박두!

겹경사가 넘치는 2월! 청년장사꾼의 6호점 골뱅이집이 마포에 오픈했습
니다! 공덕 감자집에서 200m밖에 안 떨어진 골목(마포구 도화동 337번지)!
메뉴는 경복궁 골뱅이집 업그레이드 버전으로 통골뱅이찜도 있고, 홍합통
골뱅이탕에 칼국수사리도 추가 가능하다는 사실!
멋쟁이 청년들이 70년대에서 타임머신 타고 와서 준비하고 있답니다.
열정을 만나면 정열이 솟는다! 이미 정열이 솟아 있는 청년장사꾼 6호점 마
포 골뱅이집으로 여러분을 초대합니다.

02

잃어버린 '열정'
그리고 우리가 지불한 수업료들

장사를 한다는 것, 사업을 한다는 것. 정말 어느 하나 쉬운 게 없다. 언제, 어디서, 누구한테서, 어떤 일이 터질지 모르는 일이기 때문이다.

2호점 경복궁 열정감자에 문제가 터졌다. 안락한 화장실은 아니지만 그래도 나름의 노력으로 지켜왔던 화장실을 더 이상 사용할 수 없게 된 것이다. 맥주 파는 가게에 화장실이 없다는 건 상상조차 할 수 없는 일이었다.

진심을 담은 사과문을 페이스북에 올리고 현수막도 만들어서 매장에 걸었다. 불편해하는 손님들은 여전히 많았지만, 응원도 얻었다. 사과문에 많은 분들이 댓글을 달아줬다.

사과문

감사합니다, 그리고 죄송합니다.

2012년 10월 3일부터 1년이 조금 지난 시점까지 많은 분들의 관심과 사랑, 어깨를 두드리며 보내주신 따뜻한 응원 덕에 청년들은 항상 열심히 장사하고 있습니다.

1년간 숱한 고난과 역경이 있었음에도 젊은 친구들이 '열정' 하나를 무기 삼아 이겨냈습니다. 아마도 이런 모습 때문에 더욱 편하게 드실 곳이 있음에도 '열정감자'를 찾아주신 거라 생각합니다. 다시 한 번 고개 숙여 감사 인사 올립니다.

유감스럽게도 죄송한 이야기를 전하게 되었습니다. 경복궁 열정감자 매장 화장실이 폐쇄되었습니다. 초반에는 주변 매장에 양해를 구해 사용했는데, 이로 인해 다른 상인 분들께 민폐를 끼치는 것 같아 이 역시 힘들게 되었습니다. 그래서 이렇게 손님 분들께 양해를 구합니다. 열정감자의 손님께서는 시장 초입의 '열정꼬치' 혹은 '열정골뱅이' 화장실 이용을 부탁드립니다.

날씨가 쌀쌀해져서 이런 조치가 얼마나 큰 불편일지 너무나 잘 알지만, 열정만 앞섰던 청년들의 부족함을 탓해주시고, 너그러이 용서해주십시오. 더욱 나은 '서비스'와 '더 뜨거워진 열정'으로 보답하겠습니다. 죄송합니다.

- 2013년 10월 24일 청년장사꾼 일동

"매장이 없어진다는 얘기인 줄 알고 '깜놀' 했잖아요."

"화장실 그까이꺼 좀 참죠, 뭐."

"매장 없어지는 거 아니면 됐어요."

감자집은 화장실로 열악한 상황이 되었지만, 다행히도 우리를 좋아해주고 찾아주는 많은 분들 덕분에 힘을 내어 장사할 수 있었다.

이렇게 항상 '열정' 넘치게 일하며 손님들에게 즐거움을 주었던 우리. 그러나 2013년 가을, 우린 '열정'을 잃었다.

처음부터 나는 열정이라는 단어가 마냥 좋았다. 열정감자, 열정꼬치, 열정골뱅이. 우리랑 딱 어울리는 이름이라고 생각했고 입에도 착착 감겼다. 열정이 붙은 이름으로 간판을 달아 장사도 열심히 하고 있었고, 사업자등록증도 냈기 때문에 문제가 터질 거라는 생각은 정말 꿈에도 하지 못했다. 우리는 긴 이름 대신 '열감' '열꼬' '열뱅'이라고 부르기도 했고, 단골손님들도 애칭처럼 줄임말로 불러주곤 했다.

그런데 마른하늘에 날벼락 같은 일이 벌어지고 말았다. 어느 날 우리 앞으로 날아온 내용증명 우편 한 통. 발신자는 '열정'이라는 단어를 상호에 넣은 프랜차이즈 업체였다. 이미 '열정'이 들어간 상호를 음식점 업종 코드인 43번으로 상표등록을 마쳤기 때문에 우리는 더 이상 상호에 '열정'을 써서는 안 된다는 내용이었다.

"어떻게 해……. 이게 말이 돼?"

"이럴 수는 없는 거 아냐?"

"진짜 우리 열정 못 쓰는 거야? 이걸 어떻게 다 바꿔. 말도 안 돼!"

"…… 상표권에 대해 우리가 너무 무지했던 건가?"

정말 눈앞이 캄캄했다. 뒤늦게 상표권에 대해 알아보기 시작했다. 우리가 어떻게 대응을 할 수 있는지, 지금까지 어떤 판례들이 있었는지 아는 변호사를 통해 변리사를 소개받고 의견을 구했다.

"소송으로 갈 경우 승산이 있을까요? 아예 상대 업체 주인을 찾아뵙고 선처를 부탁드린다든지 다른 해결할 방법은 없을까요? 정말 이대로 우리 상호를 다 바꿀 수밖에 없는 건가요……?"

아무리 이리 뛰고 저리 뛰며 애써도 어떻게 할 수 있는 게 없었다. 정말 너무 속상하고 억울하고 화도 났다.

'이렇게 잘 가고 있는데, 우리가 어떻게 여기까지 왔는데…….'

청년장사꾼 멤버들에게.

잠이 안 옵니다. 내용증명서를 받고, 이곳저곳 부지런히 다니면서 물어보고, 그러면서 배우는 것들…….

모든 게 그냥 내 것이기만 하다면 마음이 그나마 편할 텐데 여러분과 함께하는 것이기에 더욱더 신경이 쓰이고, 하나라도 더 꼼꼼하게 살펴야 한다는 생각이 듭니다. 연석 형도 이런 내 마음과 같을 것이고요.

지나온 시간이 떠오릅니다. 4호점 때는 여름휴가와 함께 인원이 부족해 한 달여 동안 거의 쉴 틈 없이 일했네요. 3호점 때는 더했지요. 그 추운 겨울에, 온갖 고생이란 고생은 다하고 결국 폭설로 오픈을 하루 연기하고……. 2호점 때는 고사도 지내고 온갖 행사들을 벌였던 기억이 나네요. 1호점은 처음이라고 여기저기서 화환도, 축하도 참 많이 받았죠. 하루하루가 '인생 이렇게 사는 거구나' 했던 날들이었습니다.

결국 우리는 새로운 상호를 찾아야 했다. 열정을 대체할 수 있는 딱 끌리는 이름을 찾기는 쉽지 않았다. 상표권에 대해 공부를 하다 보니 등록할 수 있는 이름도 생각보다 많지 않았다.

"열정을 쓸 수 없다면, 정직하고 단순하게 우리 단체명 '청년장사꾼'을 부각시키고 각 매장의 성격을 드러내는 이름을 덧붙이는 걸로 하자. 청년장사꾼 감자집, 청년장사꾼 꼬치집, 청년장사꾼 골뱅이집 이렇게."

연석 형의 의견이었다. 청년장사꾼 브랜드를 더 노출시킬 수 있고 더 많이 알릴 수 있으니 좋았다. 우리는 이후에 계속 오픈할 매장들에도 '청년장사꾼 OO집'과 같은 형식으로 통일성을 이어가기로 했다.

SELL OUR PASSION
감자집
감자집
SELL OUR PASSION
감자집
YOUNG SELLER

꼬지집

rld
SELL OUR PASSION
감자집
YOUNG SELLER
SK Telecom
World

그렇게 우린 전 매장의 이름을 바꾸고, 간판도 순차적으로 바꿨다. 비용도 엄청났다. 사실 많이 아까웠다. 그래도 우리가 쓰러지지 않고 일어날 수 있었던 이유는, '사람'에 자신이 있었기 때문이다. 간판이 바뀐다 해도 우리 멤버들은 바뀌지 않기에, 재미있고 신 나는 우리 매장은 사라지는 것이 아니기에, 이 위기도 청년장사꾼을 알릴 수 있는 더 좋은 기회로 생각하기로 했다. 우리는 '열정'을 잃었지만 대신 더 단단해졌다.

장사를 하면서 상표권 문제처럼 처음 부딪치게 되는 문제들이 꽤 있었다. 정말 막 시작했을 때는 지출증빙이라는 개념조차도 잘 몰랐고, 급할 때는 매장에서 현금을 썼고, 현금영수증을 받을 생각도 못했다. 그런 탓에 초기엔 세금도 엄청 많이 나왔다. 쓴 돈은 엄청 많은데, 그게 비용으로 잡히지 않으니 당연히 세금이 많이 나올 수밖에 없었다. 게다가 세금의 종류는 또 어찌나 많은지…….

상표권, 법무, 세무, 노무 뭐 하나 쉽지 않은 게 없었고, 우린 몸으로 부딪쳐서 그 하나하나를 배워나가듯 해결해왔다. 최저시급, 무급 인턴, 근로기준법, 일용직, 시간제일자리 등 현실적인 청년 고용 문제와 이슈들은 곧 우리의 문제와 이슈이기도 했다. 크지 않은 매장들, 이 작은 단체를 운영하면서 정말 피부로 느낀 것들이 참 많다.

'장사만 잘해서 되는 게 아니구나. 장사는 내가 생각했던 것보다 훨씬 더 큰 거구나' 하는 깨달음과 매순간 마주했다. 그 모든 과정에서 겪은 시행착오며 우여곡절들은 다 부딪쳐가며 배우기 위해 지불한 값진 수업료라고 생각한다. 그래서 청년장사꾼은 날마다 자라고 있다. 함께 부딪치고 함께 배우며 우직하게 커가고 있다.

03

우리의 아지트,
무한 공유의 힘

"뭉쳐야 살고, 나눠야 커진다."

우리는 서로의 의견과 생각들을 모아 발전시키는 것을 중요하게 생각한다. 함께 공유하는 게 쌓이고 쌓일수록 그 힘도 더 커질 수 있다고 본다. 그래서 초창기부터 시시각각 부딪치고 터지는 일들을 그때그때 공유하고 바로바로 처리하는 것이 우리의 습관처럼 자리 잡았다.

더욱이 매장이 늘어나면서 멤버들이 한 자리에 모여 회의를 길게 할 수 있는 시간은 점점 줄어들 수밖에 없었는데, 그렇기에 더더욱 서로의 일들을 실시간으로 '공유'할 수 있는 플랫폼이 갈수록 더 절실해졌다. 또 우리가 하는 일은 한 곳에 앉아서 하는 것이 아니고 계속 움

직이고 뛰어다니는 게 대부분이기 때문에 '공유 플랫폼' 또한 기동성
이 중요했다.

매일 공유해야 할 정보들은 열거해보면 무척 많다. 전체 공지사항,
회의록, 장사일지, 출근 기록, 주간 스케줄, 각 매장별 상황, 아이디어
정보 등등. 이 모든 항목들을 일목요연하게 분류하여 기록할 수 있고,
시시각각 열람 및 확인할 수 있으며, 각자의 의견들을 댓글로 첨부할
수 있는 등 딱 우리에게 적합한 시스템. 바로, 그런 플랫폼으로 우리
는 '카카오 아지트'를 쓰고 있다.

모바일로도, 컴퓨터로도 접속이 가능해서 더 좋다. 이미지 파일은
물론 각종 문서 파일도 공유가 가능하고, 최근에는 검색 기능까지 추
가됐다. 이렇게 이야기를 하니 꼭 카카오 아지트를 홍보하는 것처럼
보이지만, 실제로 우리는 이를 우리의 '아지트'로 정말 유용하게 활용
하고 있다. 각 매장에서 일어나는 특이사항들을 실시간으로 공유할
수 있어서, 그 매장에 있지 않더라도 상황을 파악할 수 있고 또 서로
에게 공부도 된다. 각자 접한 유익한 정보나 좋은 기사 자료 등도 수
시로 공유하고, 이벤트 아이디어나 메뉴에 대한 의견도 서로에게 묻
고 조언을 구한다. 나날이 아지트의 활용 범위와 영역은 더 발전해가
고 있다.

청년장사꾼의 '공유문화'는 아지트 안에서만 이뤄지는 것은 아니다.
우리는 언제나 약점은 연대로 극복하고, 장점은 무한대로 활용하는
방식을 추구한다. 매장과 매장의 경우도 그렇다.

　2호점 감자집과 4호점 감자집, 5호점 골뱅이집과 6호점 골뱅이집은 서로가 서로를 발판 삼아 더 큰 발전을 해왔다.

　5호점 골뱅이집에서 시도했던 요소들 중에 성공적이었던 것은 6호점 골뱅이집에서도 시행했고, 6호점에서 재미있게 시작한 요소들은 5호점에도 적용시키는 식이다.

　6호점 골뱅이집은 7080 복고풍 매장의 콘셉트를 확실히 부여해 오픈했다. 매장 유니폼은 청청패션, 청바지와 청자켓을 입는다. 매장 내부에는 아폴로, 호바꿀맛나, 맛기차콘, 꾀돌이, 제리뽀 등 옛날과자를 소품 삼아 꾸몄다. 그리고 이를 인테리어 소품에 그치지 않고 매장 한쪽에서 판매도 했다. 낱개로도 팔고 패키지를 만들어 세트로도 팔았다. 가끔씩은 손님들에게 서비스로 드리기도 했다. 6호점에서 좋은 반응을 확인했으니 이런 요소는 5호점 골뱅이집에도 그대로

옮겨가서 진행하고는 했다.

이렇게 각 매장에서는 매일 다이내믹한 일들이 벌어진다. 그 순간 순간을 공유하며 멤버들은 서로가 서로의 자극제 역할을 톡톡히 해주고 있다. 아마 지금 이 순간에도 우리는 여러 정보들을 나누며 뭔가 새로운 시도를 해보려 함께 궁리 중일 것이다.

04

매일 주인이
바뀌는 가게

청년장사꾼 7호점은 지금까지 오픈했던 매장들 중 가장 오픈 준비 기간이 오래 걸렸던 곳이다. 매장을 어떻게 가져갈지를 두고 많은 고민을 거듭했기 때문이다.

매장의 자리는 이태원 우사단마을에 자리 잡은 1호점 카페에서 5분 정도 되는 거리. 사실, 처음 이 자리를 봤을 때부터 7호점 매장을 생각했던 건 아니었다. 청년장사꾼이 다용도로 활용하고 시도해볼 수 있는 공간을 생각하고 모든 가능성을 열어두었다. 메뉴 개발을 하는 조리 공간, 각종 교육을 진행할 수 있는 공간, 각종 장사 실험을 할 수 있는 공간 등등 여러 아이디어들이 나왔고 논의를 거쳤다.

결국에는 우리가 제일 자신 있는 방향을 택했다. 이태원 우사단마

을에 들어오는 청년장사꾼의 '감자집'으로! 대신, 이 매장의 운영방식
은 지금껏 시도해보지 않은 독특한 형태로 가보자고 의견을 모았다.

그렇게 탄생한 것이 7호점 청년장사꾼 감자집+부엌이다. 기본적으
로 감자집에서 파는 메뉴들을 팔되, 매일 한 명씩 돌아가면서 주인이
되는 가게를 운영하는 것. 그날 7호점의 주인을 맡는 멤버는 자신이
시도해보고 싶은 것은 뭐든 마음껏 할 수 있다. 그동안 자신이 팔아보
고 싶었던 메뉴들을 만들어서 팔 수도 있고, 친구들을 초대해서 파티
를 열 수도 있다. 멤버들은 거의 한 달에 한 번 정도 7호점을 운영을
할 수 있는 기회가 생긴다.

별명이 '라면왕'인 멤버, 동규는 시종일관 자신의 꿈을 확실하게 어
필하는 친구다.

"형, 저는 5년 동안 장사 열심히 배워서 라면집 낼 거예요."

동규는 청년장사꾼에 처음 들어오게 된 사연도 특이했다. 동규의
아버지가 먼저 청년장사꾼을 접하고 아들에게 라면집 사장이 꿈이면
장사부터 배워보라며 청년장사꾼에서 일해보기를 권했던 것이다.

워낙 라면에 대한 집념이 강해서 우리는 특별히 6호점 골뱅이집 매
장을 준비할 때 라면 메뉴를 한번 맡아서 해보라고 동규에게 기회를
주었고, 실제로 매장에서 한동안 열심히 점심장사로 라면을 팔기도
했다. 여러 사정으로 점심장사를 접게 되면서 라면 메뉴도 사라지는
가 했는데, 잠시 접어두었던 라면왕의 꿈은 7호점에서 이어지게 됐다.

동규가 7호점을 맡는 날이면 항상 새로운 라면 메뉴가 탄생한다. 가

장 최근에 시도했던 놀라운 메뉴는 '블루베리 라면땅'이었는데, 생라면에 치즈와 블루베리 잼을 올린 파격적인 메뉴였다.

셰프 병건이는 남은 재료들을 잘 활용해서 그럴싸한 요리로 선보인다. 간장 버터 스팸 밥도 인기였고, '셰프'답게 파스타를 한 적도 있었다. 연석 형도 단단히 준비했는지 스테이크 샐러드를 보기 좋게 만들었다.

다들 이렇게 열심히 준비를 하니, 사실 7호점을 맡는 날이 오면 아닌 게 아니라 은근히 '부담'이 된다. 내가 처음 7호점을 맡았던 날은 정말 난리도 아니었다.

"대표님은 얼마나 팔 거예요?"

"대표님이니까 당연히 최고 기록 세우시겠지!"

장난 반 진심 반 멤버들은 나를 놀려댔다. 다들 '대표님은 얼마나 잘

하는지 보자'라는 듯 눈에 불을 켜고 지켜볼 태세였다.

'이것들이!'

긴장감을 갖고 임하지 않을 수 없었다. 나는 짜장, 카레, 비빔면 등 각종 레토르트 식품을 바탕으로 해서 '골라먹을 수 있는 가게'를 만들었다. 사전에 지인들에게 홍보도 '빵빵하게' 했다. 페이스북에 공지도 하고 '특별 멘토링'도 한다고 덧붙였다.

다행히도, 당일 몰아치는 손님들 때문에 정신이 하나도 없었다. 밖에 야외 테이블까지 깔고 계속 만석을 채웠다. 그리고 최고 매출 기록 경신! 나는 뿌듯하게도 멤버들에게 창피하지 않은 대표의 모습을 보여줄 수 있었다.

05

팀워크,
우리는 정말 한마음인가?

고민이 없는 조직은 어디에도 없을 것이다. 청년장사꾼도 마찬가지다. 우리는 2년여 만에 빠른 성장을 했다. 5명이 시작한 게 어느덧 7배나 되는 인원으로 커졌고, 매장도 7군데나 생겼다. 주변에서 "그렇게 크다가 갑자기 넘어질 수도 있다"고 걱정하는 말도 종종 들었다. 따지고 보면 아주 틀린 것도 아니다.

우리는 그동안 어려움을 많이 겪었다. 외형적인 어려움뿐 아니라 내적인 진통도 겪었음은 물론이다. 다 함께 '아자아자!' 하며 어깨와 마음을 맞대왔지만, 매순간 고민과 갈등 없이 좋기만 했다면 그건 거짓말이다. 빠르게 성장하는 사이 놓쳤던 것들, 나도 모르는 새 곪았던 문제들이 불쑥불쑥 터져 나오고 불거진 적도 적잖이 있었다.

사람에 관한 문제는 언제나 쉽지 않다. 아무리 머리를 싸매도 쉽게 풀어지지 않는 난제다. 나와 연석 형은 '과연 우리는 모두가 같은 비전을 잘 공유하고 있는 걸까?'라는 질문을 수시로 던졌다. 비전이 공유되지 못하면 단체는 성장 동력을 잃을 것이다. 각양각색 멤버들의 다양성은 존중하되 같은 방향, 같은 목표를 중심에 두지 못하면 우리의 에너지는 제대로 모일 수가 없다.

매장이 크게 경복궁(2, 3, 5호점)과 공덕(4, 6호점)으로 나뉘고 각 담당 매장들이 생기니 자연스레 지역별 그룹이 형성되는 모양새가 됐다. 각자의 매장 일이 워낙 바쁘다 보니 멤버들끼리 전체가 모여 어울릴 수 있는 여유가 사라졌다. 전체회의를 진행하면 멤버들이 자기가 속한 그룹과 매장의 입장에서 의견을 냈다.

'나는, 우리는 이렇게 일하는데 왜?' 하는 마음이 자신도 모르게 고개를 드는 것이다. 한 번 불만이 싹트기 시작하면 계속 그것만 보인다. 그러면 점점 더 서로가 이해되지 않는 것들이 늘어만 간다. 어느새 크기가 커진 불편한 감정들이 여기저기서 표출되는 게 보였고, 나와 연석 형의 고민은 깊어졌다.

'어떻게 하면 서로 더 배려할 수 있을까? 무엇이 문제일까? 이걸 어떻게 해결해야 할까?'

멤버들이 점점 지쳐간다는 느낌도 받았다. 이런 분위기가 계속되면 정말 큰 위기다. 이건 그냥 간판에서 '열정'이 사라지는 게 아니라, 정말로 우리가 외치는 열정이 속 빈 강정이 되어버릴지 모르는 문제였다.

청년장사꾼의 핵심 역량과 자산은 '멤버'들에게서 나온다. 우리가 하는 장사는 서비스업이고, 우리 매장만의 특장점은 누가 뭐래도 재미있는 매장, 즐거운 기운을 주는 멤버들이다. 손님들 중에서는 "덕분에 잃었던 열정을 찾고 간다"며 고맙다는 편지를 쓰고 간 분도 있었을 만큼 매장의 분위기는 전적으로 멤버들이 좌우한다. 그런데 멤버들의 기분이 좋지 않다면? 멤버들이 힘들어한다면? 손님들이 그걸 알아차릴 때까지 손 놓고 있을 수 없는 일이다.

단체가 점점 산으로 간다는 생각으로 괴로움이 커가던 그때, 벤처업계의 어른으로 통하는 한국엔젤투자협회 고영하 회장님과 점심을 할 기회가 생겼다. 짧은 시간이었지만 나는 내가 가진 고민을 털어놓고 조언을 구했다. 회장님이 해준 이야기의 요점은 이러했다.

"욕심을 버리고, 너무 조급해하지 마라. 빨리 가려고 하면 놓치고 가는 게 많아진다. 멤버들이 행복해야 고객도 행복해진다. 그게 청년장사꾼이 지켜나가고 싶은 핵심가치 아닌가?"

이야기를 들으며 나는 정말 반성을 많이 했다. 힘든 일이 생길 때 늘 도움을 청하는 형님과 나눴던 대화도 떠올랐다. 장사에 한창 열을 올리던 내게 형은 이렇게 물은 적이 있었다.

"윤규야, 장사가 뭐니?"

나는 그동안 수없이 받았던 "청년장사꾼이 뭐예요?"라는 질문에 으레 대답했던 대로 우리가 하는 장사에 대해 구구절절 말했다. 형은 내게 다시 물었다.

"아니 그거 말고. 너는 장사가 진짜 뭐라고 생각해?"

나는 잠시 생각을 고르다가 말했다.

"손님들에게 감동을 주는 일이요."

그때 고개를 끄덕이던 형은 내게 책을 추천해줬다. 최인호 작가의 『상도』라는 책이었다. 나는 곧바로 책을 사서 단숨에 읽었다. 장사의 본질에 대해 많은 생각을 할 수 있었고, 힌트도 얻었다. 그때 밑줄을 그어놓고 특별히 새긴 문장이 있었다.

"상즉인 인즉상. 장사란 이익을 남기기보다 사람을 남기기 위한 것이다. 사람이야말로 장사로 얻을 수 있는 최대의 이윤이며, 신용은 장사로 얻을 수 있는 최대의 자산이다."

이 말이 다시금 아프게 나를 찔렀다. 그리고 이전보다 훨씬 더 깊이 내게 와 닿았다.

맞다. 청년장사꾼은 손님들에게 감동을 주는 장사를 하는 단체다. 그런데 그때까지 나는 손님들을 행복하게 하는 것만 생각하느라 여념이 없었다. 중요한 연결고리를 놓치고 있었다는 생각이 가슴을 쳤다. 손님을 행복하게 하려면 멤버들의 행복이 우선이다.

'멤버들을 행복하게 만들기 위해 나는 무엇을 했을까…….'

뭐든 해야 했다. 당장 비용이 발생하더라도 한번 다지고 가는 시간이 필요하겠다는 생각이 절실해졌다.

우선, 평일 점심장사를 접고 매장 오픈을 3시로 늦췄다. 점심때의 매출을 잃더라도, 우리가 더욱 오래 가기 위한 힘을 비축하는 게 더 중요하다고 판단했기 때문이다. 또 격주 일요일에 하던 '전체회의'를 월요일로 옮기고, 대신 매주 만나는 것으로 바꿨다.

그리고 목요일에는 '수다회'라는 이름으로 멤버들이 다 함께 시간을 보낼 수 있는 기회를 만들었다. 남산으로 소풍을 가기도 하고, 다 같이 영화도 보러 가고, 미술관에 가는 문화생활도 하는 시간이었다. 멤버들끼리 점심식사를 걸고 게임을 한 적도 있고, 푸드 트럭을 직접 개조해 '커피트리'라는 노점 장사를 하는 이선규 씨의 강연을 다 함께 듣기도 했다. 이렇게 최소한 주 2회는 전체 모임을 통해 멤버들끼리 만나는 시간을 늘리며 함께하는 문화를 만들어가려고 노력했다.

한편, 나 스스로의 마음도 돌아볼 필요가 있었다. 단체가 커나가면서 나 역시 심적으로 많이 힘들었다.

'자기 인생을 걸고 청년장사꾼에 들어온 친구들을 어떻게 잘 끌고 갈 수 있을까? 어떻게 스무 명이 훌쩍 넘는 멤버들을 모두 케어할 수 있을 것인가?'

무거운 책임감에 잠 못 이루는 날도 많았다. 처음 다섯 명이서 시작했을 때는 전혀 문제될 것이 없었다. 우리는 월세방을 숙소 삼아 같이 생활했기 때문에 거의 모든 생활을 공유했다. 늘 붙어 있다시피 했고, 많은 이야기를 나눴고, 서로의 생각을 속속들이 나눴다.

하지만 멤버들이 많아지면서 그게 점점 더 힘들어졌다. 더욱이 내가 결혼을 하게 되면서 멤버들과 함께 생활하는 숙소에서 나온 뒤로는 물리적으로 만날 시간이 더욱 줄 수밖에 없었다. 예전 같았으면 누구한테 어떤 문제가 있는지 어떤 고민을 하고 있는지 표정만 봐도 알 수 있었는데, 언제부턴가 나는 멤버들이 무엇을 걱정하고 힘들어하는지 일일이 신경 쓸 여유가 나지 않았다.

오히려 회사를 운영해야 하는 책임자로서 멤버들에게 화를 내야 할 상황은 더 많아졌다. 회의 때마다 지적하고 잔소리를 할 게 늘어나니 어느새 나는 멤버들에게서 멀어진, 엄한 대표가 되어 있었다.

| 청 년 장 사 꾼 대 표 일 지 |

'청년장사꾼은 가족인가, 회사인가?'
'나는 좋은 형이 될 것인가? 무서운 대표가 될 것인가?'
최근 연석 형과 저는 우리가 어떤 사람이 되어야 하는지, 많은 고민을 했습니다. 여전히 고민이 많이 됩니다.
그런데 오늘 정기회의가 끝나고 문득 이런 생각이 들었습니다. 우리가 지금 여기서 더 성장하지 못하고 힘들어져서 2, 3년 뒤 문을 닫게 된다면, 우리가 더 이상 제대로 된 급여를 지급하지 못해서 몇 명을 해고해야 되거나 아예 모두를 잃게 된다면……. 저는 멤버들에게 제대로 된 급여도, 좋은 일자리도 제공하지 못하는 무능력한 사람이 절대 되고 싶지 않습니다.
3년, 5년, 10년 후를 생각해봅니다. 멤버들이 결혼도 해서 가정을 꾸리고, 그 가족들 모두가 함께 모여 웃는 날…… 그때까지도 청년장사꾼이 굳건했으면 합니다. 그리고 그러려면 저는 독해질 수밖에 없습니다. 그저 좋은 형이 되고 싶은 약해지는 마음을 다잡을 수밖에 없습니다.

제가 워낙 성격이 불같아서 앞에 서기만 하면 혼내는 못난 사람이지만, 그만큼 청년장사꾼에 그리고 멤버들에게 애정이 많기 때문이라는 걸 알아주셨으면 합니다.

회의가 오늘처럼 분위기가 안 좋게 끝이 나면, 저 또한 마음이 편치 않습니다. 저와 연석이 형은 여러분을 믿고, 슈퍼바이저는 점장을 믿고, 점장은 멤버들을 믿고 서로가 서로를 끌어주고 당겨주며 더 배려해주었으면 합니다. 그렇게 우리 천천히 한 발 한 발 나아갔으면 합니다. 우린 아직 젊다고 하기도 무색합니다. 그냥 어립니다. 급하게 나아가서 많은 것을 가져도 아직은 그릇이 작기에 다 담을 수도 없습니다. 청년장사꾼, 이 안에서 각자의 그릇과 우리의 그릇을 단단하게 키워갔으면 합니다.

청년장사꾼은 멤버 개개인의 행복을 존중하고 응원하겠습니다. 멤버 개개인이 더 행복해져서, 그 행복이 우리가 만나는 손님들에게 진심으로 전해지고 감동을 준다면, 자연스럽게 청년장사꾼 매장은 손님들로 더 북적이게 될 것이라 믿습니다.

이 글을 쓰며 저도 다시 한 번 마음을 다잡아봅니다. 우리 지쳐 있지 맙시다. 열정 넘치게 모두 힘내세요! 항상 감사합니다.

- 2014. 4. 7 김윤규 장사꾼 드림

이렇게 나는 멤버들에게 내 속마음을 다 털어놓기도 했다. 대화할 시간이 부족하다고 느끼면 가끔 찜질방 긴급회의를 소집하기도 했다. 그렇다고 쌓여온 불만들이 일시에 다 해결되는 것은 아니었다.

멤버들의 불만이 최고조에 달했을 때가 있었다. 신세계백화점 강남점 입점을 마친 시점이었다. 멤버들은 그때 매장 외의 프로젝트를 소화하느라 평소보다 더 고생하며 일했다. 하지만 그달의 매장 매출은 목표에 미치지 못해 인센티브를 지급하지 못했다.

신세계 강남점 입점으로 추가 매출이 있었지만, 들어간 비용이 많아 수익은 내지 못했기 때문에 별도의 인센티브 지급도 불가능했다. 그러나 멤버들은 기대를 했었던 모양이다. 실망하는 기색이 역력했다. 어떻게든 추스르고 있었는데 오래된 멤버까지 불만을 토하는 모습이 보였다. 심지어 "요즘 장사하는 게 재미가 없다"는 이야기까지 들렸다. 서운한 마음도 들고 화도 났다. 대체 이 상황을 어떻게 풀어야 좋을까? 정말 막막했다.

나와 연석 형은 고민 끝에, 아예 날을 잡고 멤버들의 생각을 가감 없이 듣고, 회사의 입장도 솔직하게 전하는 시간을 가져야겠다고 생각했다. 긴급하게 결정한 1박 2일 워크숍이었다. 이 행사의 목적도 멤버들에게 알렸다. 일명, '대통합과 화합의 워크숍: 손에 손잡고.'

우리는 이날 그동안 나누지 못했던 많은 이야기들을 쏟아냈고 또 풀어냈다. 멤버들이 내게 하는 솔직한 이야기들, 멤버들끼리 서로 담아두었던 이야기들이 정말 끊임없이 나왔다.

"저는 우리 단체에 대한 믿음이 강해서 멤버들에게 좋은 점을 많이 이야기하려고 하는데, 대표님이 화를 내면 그 믿음이 흐려질 때도 있었어요.

"개인시간이 더 필요하다고 느낄 때가 있어요. 매장 업무 말고 신규 매장 공사에도 항상 나가는 거 쉬운 일 아니에요.”

“저희가 생각이 짧을 때가 있는데, 잘못한 부분이 있으면 어떤 부분에서 잘못했는지 설명을 잘 해주면 좀 더 이해하고 다음에는 그런 잘못을 하지 않도록 고칠 수 있을 것 같아요.”

“저는 최근에 손이 아파서 매장 일을 많이 못했는데, 솔직히 멤버들에게 많이 미안하기도 하고 스스로 자존심도 많이 상하면서 내가 짐만 되는 건 아닌가 하는 생각이 요즘 많았어요.”

“저는 현도 형한테 하고 싶은 말인데, 솔직히 형하고 많이 부딪쳤는데…… 사실 제 성격이 현도 형 때문에 많이 바뀌게 되었어요. 현도 형한테 정말 고맙다는 말을 하고 싶어요. 그리고 현도 형 정말 열심히 하는 거 잘 알아요. 다른 멤버들이 가끔 현도 형 무시할 때가 있는데 그러지 마세요.”

마지막에 멤버 진영이가 말을 마쳤을 때는 이미 여기저기가 눈물바다였다. 다들 속 얘기를 털어놓기 시작하니 그동안 눌러왔던 감정이 터져 눈물이 났던 것이다. 평소 의연했던 멤버들도 눈물을 훔쳤고, 또 몇몇은 애써 눈물을 참는 모습도 보였다. 멤버들의 이야기를 다 듣고 나도 진심을 털어놓았다.

“여러분 이야기들 다, 정말 잘 들었어요. 진짜 많은 생각이 드네요. 저도 청년장사꾼의 대표로서 정말 힘들어요. 예전에 어디선가 스무 명 정도가 한 사람이 책임질 수 있는 소그룹 규모의 한계라는 말을 들은 적이 있었는데 이제 우리는 스무 명을 훨씬 넘었어요. 옛날에는 누구 집안 사정도 다 알고 무슨 고민을 하는지도 다 알았는데 지금은 그럴 수가 없다는 사실을 느끼면서 슬퍼지기도 해요. 그리고 너무 외로워요. 대표로서의 내가 있고, 또 형으로서 잘해주고 싶은 나도 있는데 멤버들이 그걸 몰라줄 때 너무 힘들어요. 마음 같아선 해달라는 대로 다 해주고 싶은데 그러다 보면 우리 사업이 제대로 굴러갈 수가 없어요. 언제까지 이렇게 잘나갈 수 있을지 아무도 모르는 거예요. 게다가 저는 한 가정의 가장이에요. 그리고 여러분도 다 책임져야 해요. 사업을 시작하고 잠을 제대로 잔 적이 없어요. 갑자기 무슨 생각이 나서 깨면 막 적어놓고, 그러면서 뒤척이고, 악몽을 꾸기도 하고……. 진짜 다 버리고 떠날까도 싶지만 그럴 순 없잖아요.”

　나는 눈물을 참지 못하고 계속 울면서 이야기를 했다. 나도 울고, 멤버들도 모두 울고. 이날은 정말 잊지 못할 밤이 되었다.

　다 함께 뜨거운 눈물을 흘리고 나니 후련했다. 그리고 가슴이 많이 벅찼다. 우리는 서로를 포기하지 않았다. 다 함께 어깨를 맞대고 둥글게 모여 섰다. 그리고 힘차게 청년장사꾼의 구호를 함께 외쳤다.

　“지쳐 있지 말고, 힘들어하지 말고, 열정 넘치게 힘~ 내세요!”

장사꾼의 직업병,
일명 '간판깨기'

'간판깨기'는 청년장사꾼만의 특별한 내부 교육 프로그램이자 조직 문화다. '간판깨기'라는 말은 '도장깨기'로부터 나온 것인데, 무술을 하는 사람들이 다른 도장에 가서 대결 신청을 하고 승부를 벌인다는 의미다. 우리는 이것을 장사꾼의 버전으로 벤치마킹했다. 다른 매장에 찾아가, 그곳에서 장사하는 것을 보고 분석해서 배울 만한 점들을 찾아오는 것이다.

사실 '간판깨기'는 초창기 매장 오픈을 준비하며 온갖 시장조사를 하러 다닐 때부터 시작된 일종의 습관이기도 하다. 우리는 어느 매장에 가든 거의 자동적으로 '간판깨기'를 시작한다. 직업병인 셈이다.

개인에 따라 관심 있게 보는 부분은 다 다르다. 화장실을 가더라도 연석이 형 같은 경우는 화장실 인테리어가 매장의 콘셉트에 맞는지에 서부터 매장의 디테일이 결정된다고 말하는가 하면, 나는 얼마나 사소한 부분까지 신경을 썼는지 화장지는 어떤 걸 쓰는지 등 디테일한 것들을 살펴본다.

우리는 장사를 하면서 우리 매장에만 갇혀 있지 말고 다른 매장들도 보며 서로 공부하자는 의미로 '간판깨기'를 아예 정기적인 교육 프로그램으로 만들었다. 네다섯 명씩 한 팀을 구성한 후 매장을 한 군데 정해서 살펴보고 오라고 하는 것이다. 그런 후에 맛, 메뉴판, 단가, 위생, 인테리어, 유니폼, 서비스, 홍보 등등 해당 매장의 주요 요소들을 분석해서 발표하며 각자 조사해온 것들을 공유한다.

찾아가는 매장은 자유 주제일 때도 있고, '요즘 뜨고 있는 분식집'처럼 주제를 정할 때도 있다. 때로는 그냥 하나의 매장만 분석하는 것이 아니라 상권을 분석해오는 주제로 정하기도 한다. 예를 들면, 강북 지역에 우리가 감자집을 또 낼 만한 자리를 조사해보자는 식으로 말이다.

간판깨기는 우리가 스스로 공부를 할 수 있게 만드는 좋은 프로그램이라고 자부한다. 새로운 매장 오픈 준비로 한창 바쁠 때는 유지하기가 힘들어 멈췄다가 다시 시작했다가를 어느 정도 반복했는데, 얼마 전부터는 새로운 방식으로 '버전 업그레이드'를 했다.

192

1박 2일 간판깨기!

엄청난 프로젝트가 시작됩니다. 바로 1박 2일 간판깨기! 다음 주 월요일부터 릴레이로 1명씩 간판깨기를 시작! 주어진 24시간 동안 어디든 갈 수 있는 본격 스펙터클 릴레이 간판깨기. 자세한 내용은 아래를 참고해주세요.

1. 개요

- 비용 : 개인당 5만 원 지원

- 일정 : 1박 2일 (오후3시 ~ 오후3시, 총 24시간)

- 지역 : 24시간 내에 돌아올 수 있는 곳이라면 어디든

- 굳이 매장 하나로 한정하지 않고, 장사에 관련된 활동이면 무엇이든 가능

* 상품 : 휴가 48시간!

2. 추가 프로그램

1) 다음 사람에게 사진미션 내기.

2) 다음 사람에게 주고 싶은 물건 하나를 전달하기.

3) 간판깨기 떠난 날 밤에 멤버들에게 보내는 영상편지 1분짜리 촬영.

4) 공통 질문: 나는 어떤 사람인가? 나는 청년장사꾼에서 어떤 역할을 하고 싶은가? 청년장사꾼에 내가 필요한 이유? 내가 생각하는 장사란? (중 택2)

멤버들은 각양각색 간판깨기를 완성했다. 장사하는 분들을 인터뷰한 멤버도 있고, 상권분석을 한 멤버도 있었다. 24시간을 제일 스펙터클하게 활용한 멤버는 승환이. 당일 3시가 되자마자 출발을 한 승

01 간판깨기_ 매장 분석

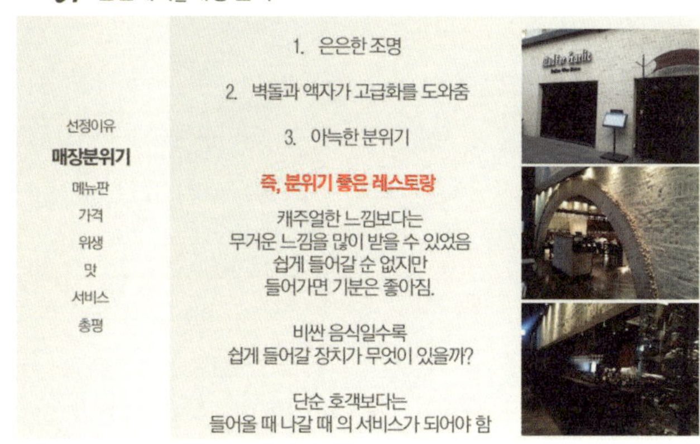

선정이유

매장분위기

메뉴판
가격
위생
맛
서비스
총평

1. 은은한 조명

2. 벽돌과 액자가 고급화를 도와줌

3. 아늑한 분위기

즉, 분위기 좋은 레스토랑

캐주얼한 느낌보다는
무거운 느낌을 많이 받을 수 있었음
쉽게 들어갈 순 없지만
들어가면 기분은 좋아짐.

비싼 음식일수록
쉽게 들어갈 장치가 무엇이 있을까?

단순 호객보다는
들어올 때 나갈 때 의 서비스가 되어야 함

환이는 무려 제주도에 갔다 왔다. 4시 10분 비행기를 타고 떠나 다음 날 12시 비행기를 타서 시간도 정확히 맞췄다. 5만 원 경비로 그게 가능했냐고 다들 신기해했는데, 같은 게스트하우스에 묵었던 사람들과 친해져서 공짜로 밥도 얻어먹고 진짜 신나게 놀고 왔다고 한다. 돌아올 때 다음 타자에게는 한라산 소주까지 선물했다.

우리도 많은 문제를 가지고 있을 수 있다. 솔직히 우리가 간판깨기를 하러 어딜 가면, 뭐 하나라도 찾아내려는 마음 때문에 더 깐깐하게 보게 된다. 그냥 친구끼리 먹으러 갔으면 넘어갔을 만한 사소한 문제들도 시시콜콜 따지고 들게 되는 것이다. 그런 마음으로 우리 매장도 돌아볼 수 있다면 초심으로 돌아가 고쳐야 하는 것들이 많을 것이다. 초심. 그 무엇보다 잃으면 안 되는 중요한 마음가짐이다.

간판깨기 외에도 우리는 '공부하는 장사꾼'이 되기 위해 책 읽기를 권장하고 또 지원한다. 인터넷서점 아이디를 공동으로 사용하면서 필요한 책을 살 수 있도록 하고, 다 읽은 책은 단체의 자산으로 쌓아가고 있다. 처음에는 장사와 관련된 분야나 자기계발에 도움이 되는 책을 중심으로 한정시켰는데, 멤버 수진이가 하루는 소설책을 읽고 싶다기에 생각해보니 제한을 두는 게 무슨 필요인가 싶었다. 그래서 이후로는 멤버가 즐겁게 여가시간을 활용할 수 있다면 그게 소설책이든, 다른 어떤 책이든, 그게 몇 권이든 오케이다. 나도 처음 카페 벗을 오픈할 때 『바리스타』라는 만화책을 읽으며 커피 공부를 했다. 만화책도 어떻게 보면 정말 도움이 된다. 『미스터 초밥왕』에는 요리의 기본이,『미생』에는 치열한 일과 인생의 의미가 담겨 있으니 말이다.

때로는 멤버들 모두 읽으면 좋을 책을 단체 필독서로 정해 나눠주기도 한다. 우노 다케시의 『장사의 신』은 청년장사꾼의 2주 교육 프로그램(이 프로그램에 대해선 4장에서 공개하겠다!)을 수료하면 선물로 주는 책이다. 그 외에도 장사하는 사람이라면 어떤 마음가짐을 가져야 하는지, 작은 가게를 어떻게 운영해야 하는지 등 장사의 기본을 배울 수 있는 책들이 있으면 그때그때 읽어보고 멤버들에게 알려준다. 핵심을 정리해 교육을 할 때도 있다. (아마 독자분들이 읽고 있는 이 책 역시 당연히 우리의 필독서다!)

책 읽기만이 아니라, 멤버들이 직접 체험하며 배울 수 있도록 자기계발비도 매월 10만 원씩 지원하고 있다. 평소에 맥주에 관심이 많은 멤버 네 명은 수제 맥주를 만드는 클래스를 신청해서 직접 맥주를 만들어보기도 했다. 이 자기계발비 역시 책 구매와 마찬가지로 멤버들의 행복을 위해 어떤 분야든 상관없다. 체력 보강을 위해 수영장이나 헬스장을 다니는 멤버들도 있고, 마카롱 만드는 수업이나 도자기를 만드는 수업 등 평소 배우고 싶었던 것들을 수강한 멤버도 있다.

자기계발비 지원의 연장선에서 3박 4일 해외연수를 보내주는 기회도 마련했다. 마침 싱가포르와 상해에서 식품박람회가 열릴 예정이었다. 각각 4월과 5월이었는데, 어떤 멤버들에게 가장 먼저 기회를 줄 것인가가 관건이었다.

상해 박람회는 철유와 진영이가 다녀왔다. 상해에서 한류 열풍이 뜨거운데 감자집으로 시장을 개척해보는 것이 어떻겠느냐는 메일을 받고 직접 만나보기로 바이어 미팅을 잡았기 때문에 슈퍼바이저인 철유, 그리고 감자집에서 성실히 오래 일한 멤버 진영이가 적임자였다.

싱가포르 박람회는 사실 고민을 많이 했는데, 우수 멤버를 뽑아서 결정하는 것으로 했다. 한 명은 근태와 미션 수행, 다양한 TFT 참여도를 종합하여 가장 좋은 활동을 보여준 다한이로 정했고, 나머지 한 명은 멤버들 스스로 뽑게 했다. 고마운 멤버 이름을 써서 내는 투표를 했는데 결과는 수진이. 공교롭게도 남자 한 명과 여자 한 명으로 정해져서 숙박비 초과 지출이 발생하기는 했지만(남자 멤버들이 절대 다수였기 때문에 아무 생각 없이 숙박비는 한 방 잡는 것으로 예산을 책정했다는 게 함정), 역시 우리 멤버들답게 다한이와 수진이는 청년장사꾼 티셔츠를 입고 박람회장에서 사진도 찍어오고 발표 PPT도 만들어왔다. 멤버들 앞에서 박람회에서 보고 온 최신 트렌드들도 공유하고, 우리가 적용할 수 있을 만한 것들도 추려서 더 깊이 조사를 해서 공유해주었다. 해외에 나가면 정말 보고 배울 것이 많다. 앞으로도 가능한 한 더 많은 친구들에게 기회를 줄 수 있기를!

07

우리만의 특별한 재충전 방식

최근 들어 직원들의 행복과 복지가 중요하다는 이야기를 많이 접한다. '꿈의 직장' '매일 출근하고 싶은 회사' '직원들이 행복한 회사' 등의 수식어를 달고 이슈와 주목을 받는 기업도 꽤 있다. 각종 뉴스나 매체를 통해 좋은 조직문화나 복지제도에 관한 사례들이 나오면 나 역시 더 관심 있게 읽어보게 된다. 멤버들의 행복에 대한 고민이 깊어지면서부터는 아무래도 더 그렇다. 우리가 적용해볼 수 있는 것들은 없을지, 내가 더 배울 점을 없을지 더 신경 쓰게 되는 것이다.

사실 아이디어가 샘솟는 감각적인 사무공간이라든지, 맘껏 휴식을 즐길 수 있는 수영장이라든지, 이런 복지를 우리가 따라 할 수는 없다. 하지만 직원들의 행복을 중요하게 여기는 조직문화를 만들어가고 싶은 마음은 분명하다. 그래서 더 진지하게 고민을 한다.

'우리는 어떤 원칙과 철학을 가지고 어떤 문화를 만들어야 할까? 멤버들에게 어떤 회사가 되어줄 수 있을까? 가장 우리다운 방식의 복지는 뭘까?'

청년장사꾼을 시작한 지 1년이 되었을 쯤이었나, 우리는 일주일씩 돌아가며 유급 휴가를 다녀왔다. '재충전'이 필요하다는 판단에서였다. 나는 필리핀 세부로 일주일 동안 정말 휴양을 했고, 연석 형은 일본 오사카에 다녀왔다(재충전을 위해 쉬기로 한 거였지만 연석 형은 꼬치집과 관련된 리서치에 소품까지 챙겨왔다). 그때부터 아예 '1년 근속 근무 시 1주일 유급 휴가'를 제도로 만들었다.

멤버들은 각자 가고 싶은 곳으로 떠났다. 빵과 디저트를 좋아하는 단이는 일주일 동안 파리에서 원 없이 디저트를 먹다가 왔다. 백화점 쇼핑을 좋아하는 철유는 홍콩 여행을 다녀왔고, 상영이는 뉴욕 여행을 갔는데 거기서 간판깨기까지 하고 왔다. 태국이나 제주도로 가서 휴양을 만끽하고 돌아온 멤버도 있다.

장사하는 단체에서 일주일 동안 휴가를 준다는 건 쉽지만은 않은 제도이긴 하지만 서로가 서로를 배려하며 시간을 낼 수 있도록 노력하고 응원해주고 있다.

분기별로 하루는 전 매장이 장사를 쉬고 멤버가 다 함께 단합 겸 재충전의 시간도 갖는다. 전체가 함께 떠나는 워크숍이다. 겨울에는 1박 2일 MT를 떠나는데, 바로 지난 겨울 강원도 평창으로 다녀온 MT는 특별한 프로그램이 더해져 기억에 더 남는다. 단이가 워크숍 프로그램의 기획을 맡았는데, 아무에게도 사전에 내용을 얘기해주지 않았다. 나와 연석 형은 식사 장소와 이동 시간만 체크했다.

당시 함께했던 멤버는 21명. 청년장사꾼의 차량인 스타렉스 한 대에 추가로 스타렉스 한 대를 더 렌트했다. 둘 중에 어떤 차를 탈지 결정하는 것부터 게임으로 시작했다. 단이가 청년장사꾼과 관련된 문제로 퀴즈를 냈고, 먼저 맞추는 사람부터 선택권을 얻었다. 각자의 자리를 다 정하고 출발!

고속도로를 달리다 가평휴게소에 들렀는데 이어지는 다음 게임. 어쩐지 단이가 출발 전부터 멤버들의 지갑을 다 빼앗더니, 휴게소에 도착해서는 물 24병과 콜라 24병을 각 차량 앞에 나눠 놓고 미션을 내렸다.

"여러분, 제가 지금까지 진짜 해보고 싶었던 게임입니다! 이름하여, 장사 배틀! 같은 차량을 탄 사람들이 같은 팀이 됩니다. 각 팀에서 대표 한 명씩 나와 가위 바위 보를 해서 물과 콜라 중에서 하나를 선택합니다. 그리고 15분 동안 선택한 음료를 팔고 번 돈으로 간식을 사드시면 됩니다!"

우리 팀은 가위 바위 보에서 이겨 물을 택했다. 당연히 물이 더 잘 팔릴 줄 알았는데 결과는 패배. 콜라 팀이 전략을 잘 세웠다. 휴게소에서 뭔가 먹을 것을 산 사람들에게 바로 달려가 콜라를 저렴하게 팔더니, 금세 다 팔고는 가평휴게소의 명물 호두잣과자를 사 먹었다. 우

리 팀은 꽤 고전했지만, 그래도 결국 청년장사꾼 정신으로 다 팔고(심지어 휴게소 직원에게도 물을 팔았다) 휴게소를 떠날 수 있었다.

목적지에 도착할 때까지 팀 대결 미션은 계속 이어졌고, 덕분에 이동하는 내내 흥겨움이 가득했다. 그러나 패배한 팀에게는 가차 없이 저녁 준비 벌칙! 저녁식사 전에는 중대 인사 발표도 진지하게 했다. 점장에서 슈퍼바이저로 승진한 준모, 직원에서 점장으로 승진한 정훈이와 상영이. 다른 멤버들에게도 새로운 활력을 주고자 담당 근무지를 모두 새롭게 바꾸었다. 다들 얼떨떨하면서도 설레는 표정이었다. 특히, 생각지도 못한 승진 소식에 해당 멤버들은 어찌나 좋아했는지 모른다. 흥분된 분위기에 이어 우리는 배터지게 고기를 먹었고, 마니또 선물 교환 시간도 가졌다.

평창까지 간 김에 다음 날은 강릉에 가서 바다도 보고, 강릉이 고향인 철유네 부모님도 찾아뵙고 왔다. 그렇게 1박 2일 동안 더 끈끈히 다진 우리들은 다시 일상으로 돌아왔다.

우리는 뭐 하나를 하더라도 우리답게, 그리고 재미있게 하려고 노력한다. 일할 때도, 놀 때도 마찬가지다. 우리답게 일하며 우리답게 재충전하는 것. 그렇게 우리는 청년장사꾼다운 문화를 만들고 있다.

우리의 역사는
우리의 기록으로 만들어진다

뭔가를 기록으로 남기는 것은 정말 중요한 일이다. 청년장사꾼에는 지금까지 많은 일들이 있었는데, 그 순간순간의 기억들을 생생히 되새기게 해주는 것은 한 장 한 장의 사진들이다. 우리는 우리의 일상을 매일 기록하고, 또 사진으로 고스란히 남기고 있다.

아예 사진을 남기기 위한 특별한 미션도 만들었다. 매주 월요일을 '사진 찍는 날'로 만든 것. 매일매일 모두가 기록을 남기기는 현실적으로 어렵겠지만, 월요일만큼은 모두 각자의 매장, 각자의 위치에서 출근 도장을 찍듯이 사진을 찍어 남기는 것이다.

이 역시 그냥 하면 재미가 없다. 멤버들이 쉽게 빼먹거나 번거롭게 생각하지 않도록, 최대한 흥이 나서 미션을 수행할 수 있도록 단이가 아이디어를 냈다. 매주 사진미션의 주제를 던지고, 그 주제를 잘 표현한 사람에게는 상품을 주기로 결정. 매주 월요일이 되면 단이는 예시 사진과 함께 사진미션의 주제를 아지트에 올린다.

이 사진미션도 어느덧 시작한 지 1년이 넘었다. 그동안 참 많은 사진이 쌓였다. 매주 미션에 숨은 의미도 다양했다. 멤버들끼리 더 친해지게 하기 위해 서로의 고민을 알아내자는 미션, 서로에게 노래가사

를 통해 편지를 쓰거나 칭찬하는 미션, 자기 자신에 대해 생각해보라는 의미로 자신이 청년장사꾼에서 제일 잘할 수 있는 것을 찾는 미션, 장사에 대해 한 번 더 생각해보게 만드는 미션 등 정말 많다.

사실 이렇게까지 해도, 미션을 수행하지 않는 멤버들도 꼭 있곤 했다. 하루는 전체회의 때 단이가 다 같이 꼭 봐야 하는 영상이 있다며 모두를 집중시켰다. 단이가 튼 영상에서는 그동안 우리가 찍었던 미션 사진들이 스틸 컷처럼 뜨며 자막과 함께 나오고 있었다.

4월 1일 월요일, 만우절 맞이 분장하기

4월 22일 월요일, 아직 꼬치밖에 없었던 시절

6월 3일 월요일, 꼬치는 감자집에서 음료수를 받곤 했었고

7월 8일 월요일, 운석 씨는 생일을 맞기도 했습니다

7월 15일 월요일, 밤새 회의를 하기도 하고

7월 16일 월요일, 김 대표는 청년위와의 만남을 시작하였죠

7월 29일 월요일, 정훈 씨가 매장 내 필수품이라 생각했던 감자

7월 29일 월요일, 준모 씨는 공덕 감자 오픈 전 염색도 했구요

9월 2일 월요일, 민우 씨가 점잖은 때도 있었고

9월 2일 월요일, 대훈 씨가 어색했던 때도 있었습니다

9월 2일 월요일, …… 이날은 많은 일이 있었군요

9월 9일 월요일, 동규 씨가 짐을 싸와 합숙을 시작했고

9월 9일 월요일, 형호 씨도 인자한 웃음으로 오픈을 했습니다

11월 4일 월요일, 성화 씨가 인턴을 하던 때도

12월 16일 월요일, 시형·운석 씨가 사고 난 때도 기억할 수 있네요

1월 6일 월요일, 수진 씨가 어색해하던 꼬치도 익숙해졌구요

2월 17일 월요일, 언젠간 우용 씨도 돈을 많이 벌고

3월 4일 월요일, 기원 씨가 눈물을 그칠 날도 오겠죠?

청년장사꾼의 역사는 우리의 기록으로 만들어집니다

월요일, 당신이 핸드폰을 가로로 들어야 할 때

짠한 멘트들과 함께 추억이 가득한 사진들이 흘러갔다. 사진미션을
수행하라는 메시지를 던지기 위해 이렇게 영상까지 만든 단이의 감동
어린 센스!

여러 모로 이 사진미션을 진행하는 데에는 단이가 참 고생이 많다.

심지어 단이는 파리로 휴가를 떠나서도 잊지 않고 사진미션을 냈고, 그때 미션을 수행하지 않았던 멤버는 특히 눈치를 많이 받았다.

단이가 뚝심 있게 제 역할을 해주는 덕분에 참 재미있게 진행했던 사진미션이 참 많았는데, 지금까지 했던 사진미션들 중에 가장 기억에 남는 미션은 아마도 '일탈' 미션이 아닐까 싶다.

· 오늘의 사진미션: 월요병 탈출기원 나의 일탈!
· 우승 기준: ONLY 참신성! (웃긴 표정 짓고 '나 자신이 일탈이다' 뭐 이런 표정 개그는
　　　　　　　단칼에 자르겠음)
· 사진 예시: 솔직히…… 스타벅스 시즌별 신 메뉴는 기다려진다…… from.
　　　　　　사원 앞 카페 벗 점장 오단

당시 카페 벗 점장이던 단이는 스타벅스 커피를 마시는 사진으로 '일탈'을 감행했다. 그리고 잠시 뒤 올라온 강력한 준모의 일탈 사진!

· 김준모: 사진

이때는 우리가 '아지트'를 쓰기 전, '단체 카톡방'을 활용하던 때였다. 카카오톡에 사진을 올리면 팝업창으로는 '사진'이라는 글자만 뜨

고, 사진 확인은 카톡방에 들어가서야 확인할 수 있다. 준모는 이 점에 착안하여 지능적으로 사진은 올리지 않고 '사진'이라는 글만 입력했다. 그리고 뒤이어 뜬 메시지 한 방.

· 김준모: 오늘은 사진미션을 올리지 않겠습니다.

준모의 일격에 다들 흥이 돋았는지 그날은 모두 열을 올리며 미션에 참여했다. 경복궁 매장에서 공덕 매장으로 이동하던 철유는 "에잇 일등도 못 하고 집에 가는 중"이라며 지하철에서 찍은 사진을 올렸고, 연석 형은 구청을 방문했다가 "공무원이 꿈입니다. 안정적인 공무원 짱짱맨~"이라며 사진을 찍어 올렸다.

사진미션은 시간이 지나면서 더 재미있는 조직문화 중 하나로 자리 잡아가고 있다. 멤버들이 의무감으로 하는 미션이 아니라 스스로 재미를 느낄 수 있도록 미션수행에 깐깐하던 단이도 이제는 재미있게 융통성을 발휘하곤 한다. 예전 같았으면 미션을 빼먹은 멤버들에게 정색하고 화를 냈을 텐데, 언제부턴가는 재미있는 방식으로 맞대응한다. 미션불이행자의 사진으로 현상수배범 포스터를 만들어 올린다거나, 해당 멤버가 처음 청년장사꾼에 지원했을 때의 사진을 올리며 초심이 어디 갔느냐며 놀려대기도 한다. 그럼 그 사진을 보면서 멤버들은 또 웃으며 재미있어 한다. 다음 주 월요일에는 또 어떤 미션이 올라올까. 나도 제발 꼭 한 번은 일등을 해보고 싶다.

09

모르면 물어봐라,
솔직하게 툭 까놓고

우리는 뭐든 '재미'를 추구한다. 장사도 그렇고 조직문화도 그렇지만, 한 가지만큼은 꼭 엄격하게 지키고 싶은 것이 있다. 바로, 근태 문제다.

나는 근태가 모든 것의 기본이라고 생각하는 사람이다. 성실함이 드러나는 척도가 근태이기 때문에 멤버들에게도 항상 강조하고 또 강조한다. 하지만 그럼에도 불구하고 근태가 중요하다는 것을 깨닫지 못하는 친구들이 너무 많았다. 장사라는 업의 특성상(꼭 장사만 그런 건 아니겠지만) 시간 약속은 정말 너무 중요하다. 매장 문을 12시에 연다고 한 것은 손님과의 약속이다.

손님은 12시에 왔는데, 그때 우리가 전혀 손님을 맞을 준비가 안 되

한 명이 지각을 했다고 해서 매장 한 곳이 운영되지 못할 정도로 큰
지장이 생기는 건 아니지만, 한 사람이 지각하면 그만큼 다른 멤버들
에게 일이 몰린다. 이게 쌓이면 서로에 대한 불만이 되고, 그게 쌓이
면 불신이 되는 거다.

지각이 제일 심했던 멤버는 철유였다. 철유는 장사나 운영, 관리는
정말 꼼꼼하게 잘하는데 단 하나, 지각이 문제였다. 내가 여러 번 지
적도 했고, 연석 형도 주의를 줬지만 쉽게 고쳐지지가 않았다. 비단
철유뿐만이 아니라 멤버들이 전반적으로 번번이 조금씩 지각하기가
일쑤였는데, 문제는 지각을 해도 크게 미안해하지 않는다는 거였다.
매장 분위기를 항상 유쾌하게 이끄는 게 중요하다 보니 얼렁뚱땅 쉽
게 생각하는 게 컸다.

우리 단체는 특히 어린 친구들이 많다. 몇 명을 제외하면 사회생활
을 이곳에서 처음 시작하는 친구들이다. 그래서 나는 더더욱 멤버들
에게 근태의 중요성을 일깨워주고 싶었다. 근데 이게 화를 낸다고 해
서 쉽게 되는 게 아니었다. 이걸 어떻게 해결해야 현명한 걸까 고민을
거듭하다가, 결국 나는 창피함을 무릅쓰고 내 개인 페이스북에 글을
올렸다. 대놓고 '우리 회사 지각 많다'고 치부를 드러낸 것이니 부끄럽
기도 했지만, 내가 늘 강조하듯 모르면 물어봐야 한다.

50건이 넘는 댓글이 달렸다. 진심과 성의로 긴 글을 달아주신 분들
이 많아 너무 감사한 마음이었다. 지각한 사람에게 미션을 주거나, 성
실한 사람들에게 포상을 주거나, 수면 패턴을 공유하라는 등 우리 단
체에 바로 적용하기는 힘든 것들도 있었지만 생각을 정리하는 데 큰
도움을 얻었다. 무엇보다 내게 설득력 있게 와 닿았던 것은 다산네트
웍스의 남민우 회장님이 주신 조언이었다.

"직원들과 상의하고 룰을 정하면 책임감이 더 생기겠죠. 인사, 복지
문제는 아무리 아이디어가 좋아도 반발합니다. 스스로 정하게 하는
게 상책. 헤드는 문제제기만."

나는 바로 다음 전체회의 때 이 문제를 안건으로 꺼냈다. 회사처럼
사원증을 차거나 지문인식 기계를 살 수도 있었다. 하지만 그건 청년
장사꾼다운 방식이 아니었다. 지각을 한 사람에게 벌칙을 주되 그 방

식은 논의를 통해 최종 결정했다.

결정된 벌칙은, 지각 시 얼굴에 분장을 하고 '지각해서 죄송합니다'라고 쓰여 있는 티셔츠를 유니폼으로 입는 것. 지각을 해서 손님과의 약속을 지키지 못했으니 그날은 손님들에게 특별히 더 즐거움을 줘야 한다는 의미다. 그리고 멤버들에게도 미안한 일을 했으니 업무 페널티도 함께 주기로 했다. 당일 오픈 멤버인데 지각을 했다면 그날 마감을 돕고, 마감 멤버로 시작했는데 지각을 했다면 다음 날 오픈을 돕는 것.

첫 지각 벌칙 테이프는 준모가 끊었다. 우리는 준모 이마에 눈을 하나 더 그려주고 눈썹도 하나로 이어 붙였다. 매장에 들어오는 손님들은 놀라기도 하고 재미있어 하며 뭐하는 거냐고 물어보곤 했다.

이후 근태 규정은 변화를 더 거쳤다. 지각이 줄어들다가 다시 늘게 되었을 때는 더 심한 규정을 세우기도 했다. 또 지각이 확연히 줄었을 때는 다시 풀어주기도 했다.

나는 꼭 엄격하게 지각만큼은 잡고 싶다. 멤버들아, 우리 지각은 절대 하지 말자!

합숙생활,
우리는 다단계다?

청년장사꾼 멤버들 중에서는 지방에서 올라온 친구들이나 집이 먼 친구들이 많다. 그런 멤버들에게 우리가 해줄 수 있는 것 중에 하나가 숙소를 제공하는 것이다. 기본적인 생활비만 걷어 필요한 생필품을 사는 데 쓰고, 그 외에 숙소의 보증금이나 월세는 청년장사꾼에서 해결하고 있다.

현재 멤버들 중 절반은 합숙생활을 하고 있다. 그런데 이런 합숙생활이 외부에서는 다소 이상하게 보이기도 하나 보다. 멤버들 말에 의하면, 주변 사람들한테 합숙생활을 한다고 하니 "다단계일지 모르니 조심하라"라는 말도 들은 적이 있다고 한다. 멤버들 중에는 부모님이 엄청 만류하신 분들도 있다. 멀쩡했던 아들이 장사를 해보겠다며 서울로 올라간다고 했을 때 부모님이 펄쩍 뛰며 '이상한 사람들에게 속아서 이러나' 하고 생각하시는 거, 충분히 이해가 가고도 남는 일이다. 서울로 직접 발걸음을 하셔서 아들이 어떤 곳에서 어떤 사람들과 일을 하고 있는지 보고 가시는 분들도 계셨다.

사실 우리는, 우리 스스로를 좋은 의미의 다단계라고 생각한다. 멤버들 중에는 자신이 정말 좋은 곳에서 일을 하고 있으니 너도 관심 있으면 생각해보라고 친구에게 소개해서 결국 같이 일하게 된 친구들도 있고, 멤버의 사촌 동생이 새로운 멤버로 들어온 경우도 있다.

합숙생활이 이렇게까지 이어질지는 솔직히 나도 몰랐다. 처음 1호점 오픈 준비를 할 때, 작은 월세 방에 초기 멤버 3명이 모여 산 게 시작이었다. 방 한 칸, 부엌 공간 한 칸이 전부였던 그곳에서 남자 8명까지 수용한 날도 있었다. 다들 돈 한 푼이 아쉬웠던 처지였고 또 어려운 시절이어서 월세를 아끼기 위한 방책이 숙소생활이었다. 그러다 도저히 방 한 칸으로는 더 지속할 수 없겠다 싶었을 즈음 근처에 방을 알아봤다.

우리는 방 3개짜리에 마당까지 딸린 집으로 이사를 했다. 처음 숙소를 생각하면 엄청난 발전이었다. 그렇게 쾌적한 생활을 하는가 싶었는데 그 사이 멤버가 또 늘었다. 방에 2층 침대를 들여놓았지만 그것도 한계였다. 세탁기도 한 대로는 턱없이 부족했고, 빨래를 널 만한 공간도 모자랐다. 일하고 와서 샤워를 둘 이상씩 같이해야 한 시간 안에 잠자리에 들 수 있었다. 화장실을 두고 다퉈야 하는 일도 수시로 발생했다. 멤버들이 숙소 환경에 힘들어하는 모습을 보고 우리는 또 숙소를 넓혀 이사를 했다.

그렇게 해서 현재 청년장사꾼은 방 2개짜리인 집 두 곳, 그리고 방 3개에 옥상까지 쓸 수 있는 집, 그리고 가장 최근에 마련한 여자 멤버들의 집(여기는 철저히 금남 구역으로 정했다. 이유 불문 남자는 절대 방문할 수 없는 곳!)까지 해서 총 4개의 숙소를 갖추게 되었다.

합숙 생활을 하면 나름의 장점들이 있다. 멤버들 간의 허물이 없어진다. 말 그대로 가족 같은 사이가 된다. 함께하는 시간이 많기 때문에 서로를 아무래도 더 이해하게 된다. 물론 종종 다투기도 하지만 싸우는 만큼 더 돈독해지기도 한다. 또래 친구들과 같은 시기, 같은 곳에서 일하며 삶을 공유하는 경험도 꽤 든든한 추억이자 자산으로 남는다.

물론 꼭 좋은 면만 있는 건 아니다. 당연히 개인 공간이 없다는 게 가장 큰 단점일 거다. 또 혼자 사는 공간만큼 깨끗한 걸 기대하기는 건 무리다. 남자들 숙소의 경우, 사내들이 득실대는 공간이기 때문에 조금만 방심해도 금세 돼지우리처럼 변해버린다. 그래서 군대처럼 담당구역을 정해 화장실, 주방, 마당 등 각자 맡은 청소, 빨래, 설거지를 제때 하는 걸 원칙으로 한다.

개인 공간과 개인 시간 때문에 숙소에서 살다가 집에서 출퇴근하는 것으로 바꾼 멤버도 있다. 합숙생활은 어디까지나 멤버들 개인의 선택이다.

216

우리가 창업 초기 빠르게 성장할 수 있었던 것은 합숙생활 덕이 분명히 크다. 서로를 잘 알고 이해하기에 한데 똘똘 뭉쳐 더 거침없이 나아갈 수 있었다. 지금은 몸집이 많이 커져 그때처럼 날렵하지는 못하겠지만, 그래도 합숙생활을 하는 멤버들의 의기투합은 청년장사꾼이 앞으로 나아가는 데 큰 동력이 되어주고 있다.

무엇이든 혼자 할 수 있는 일은 없다. 우리를 찾아와주는 손님들 덕분에 우리가 장사를 할 수 있고, 우리 덕분에 장사를 하고 싶거나 진로를 찾으려는 청년들이 도움을 얻을 수도 있다. 장사라는 업의 본질인 정직함을 잊지 않되 우리가 할 수 있는 다양한 분야에 뛰어들어 길을 개척해간다면, 그러면 비단 우리 멤버들뿐만 아니라 거창하게 말해 사회 전체가 잘 먹고 잘살 수 있는 길도 찾을 수 있지 않을까?

Part 4

장사,
판을 바꾸는 청년들

· 너, 나 그리고 우리 모두가 잘 먹고 잘사는 법 ·

01

감자 팔아
장가간다

2014년 2월에는 정말 많은 일들이 있었다. 6호점과 7호점 오픈 준비에도 여념이 없었는데, 일생일대의 큰일이 내게 겹쳤다. 말하자면 겹경사다. 그것도 최고의 경사. 청년장사꾼 대표인 나 김윤규는 2월 22일 장가를 갔다.

'삼포세대'라는 말이 있다. 엄청난 취업난, 불안정한 일자리 등으로 경제적 압박감에 시달리다 보니 청년들이 연애도, 결혼도, 출산도 포기하게 되는 현실을 드러낸 말이다. 세 가지를 다 포기한 세대, 오늘날의 청년들. 나는 그 말을 뛰어넘고 싶었다.

내가 아내를 처음 만난 건 2호점 감자집을 열고 한 달쯤 지났을 때였다. 한참 장사를 하느라 여유가 없을 법도 했던 시절이었지만 나는

정말 열심히 연애를 했다. 아내는 연애 초부터 시간이 날 때마다 우리 매장에 자주 놀러왔다. 사실 나는 아내와 처음 만났을 때부터 '이 사람이다!' 하는 생각에 결혼을 마음먹었다. 워낙에 마음먹으면 밀어붙이는 성격이라 만난 지 2주 만에 결혼하자고 했다가 성급하고 가벼운 남자로 오해를 사 헤어질 뻔도 했지만, 인연이 확실했던 건지 우리는 결국 만난 지 1년 3개월 만에 행복한 결혼에 골인했다.

결혼식 당일은 사실 6호점 오픈 바로 이틀 전이었다. 나도 그렇지만 멤버들 모두 정신없이 바빴을 텐데, 그래도 대표가 결혼을 한다고 이것저것 준비하며 재미난 이벤트를 준비해줬다. 다 함께 반팔 티셔츠를 맞춰 입었는데 앞면에는 '감자 팔아 장가간다'고 큼지막하게 센스

221

있는 문구도 박았다. 멤버들은 그 단체 티셔츠를 입고 한 편의 뮤지컬 같은 축가 공연을 해줬다. 그리고 실은 나도 그 이벤트에 살짝 발을 얹었다. 축가 이벤트가 끝날 즈음, 나도 공연단에 합류하여 아내에게 감자로 만든 꽃다발을 전해주었다.

말 그대로 나는, 감자 팔아 장가갔다. '삼포'라는 말을 깨겠다고 호언장담했는데, 세 가지 모두 이렇게 빨리 깰 줄은 몰랐다. 지금 아내의 배 속에는 김윤규 주니어가 쑥쑥 자라고 있으니 말이다.

'열정감자'가 이렇게나 나를 성장시켜주었다. 처음 장사를 한다고 했을 때만 해도 부모님부터 나를 마뜩찮아 하셨다. 내가 장사를 얼마나 진지하게 생각하고 있는지 앞으로 무엇을 하고 싶은지 열심히 설명을 드리고 설득했지만, 내심으로는 빨리 관뒀으면 하고 바라는 눈치셨다.

그런데 지금은 아니다. 어머니 말씀에 의하면, 예전에는 "대학에 보내놨더니 어디 장사를……" 하시며 노여워하셨던 아버지도 청년장사꾼이 공중파 방송을 타며 잘하는 걸 보시고는 친구 분들을 만나 내 자랑을 많이 하신다고 한다.

부모님의 변화는 비단 나뿐만이 아니라 멤버들도 비슷하게 겪었다. 부모님들 마음으로는 자식이 좋은 회사에 취직해 안정적인 생활을 하길 바라시는 게 당연할 것이다. 멤버 철유도 장사를 하겠다고 선언했을 때 부모님 반대가 상당히 컸다.

"장사해서 장가갈 수는 있겠냐? 어떤 색시가 좋다고 하겠어?"

그동안 무슨 일을 하든지 지지해주시던 부모님과 격한 의견 대립에 부딪치니 철유도 많이 힘들어했다. 초창기에 철유가 일하는 모습을 본다고 가족들이 매장에 찾아온 적이 있었는데, 땀을 뻘뻘 흘리며 정신없이 감자를 튀기는 아들을 보고 부모님이 속상도 하고 실망도 하셨나 보다. 하필이면 그날 철유가 감자튀김을 맡아가지고……. 그 얘기를 들었을 때는 나 역시 기분이 착 가라앉았었다.

하지만 이후 KBS 프로그램 「파노라마」에 청년장사꾼이 소개가 되었는데, 그때 철유의 인터뷰 장면이 방송을 타면서 반전이 일어났다.

"앞으로 어떤 장사를 하게 될지는 저도 모르겠어요. 하지만 확실한 건 늘 재미있게 일하는 사장이 되어 있을 겁니다."

다음 날 철유에게 문자 한 통이 도착했다. 철유 어머니가 보내신 거였다.

"아들, 멋진 사장님이 되길 바랄게. 파이팅!"

철유는 그날 하루 종일 날아갈 듯한 기분으로 일했다.

멤버 승환이도 일하면서 가장 뿌듯했던 일이 부모님한테서 인정받게 된 순간이었다고 한다. 청년장사꾼의 이야기가 포털사이트 다음 '스토리볼'이라는 곳에서 연재될 때가 있었는데, 그때 스토리에 달린 댓글을 보던 승환이가 낯익은 아이디를 발견한 것이다.

'열심히 노력하고 초심을 잃지 않겠단 각오를 잊지 않길 바랍니다. _ 희정68'

"희정68? 이거 우리 엄마 아이디인데? 형, 우리 엄마가 댓글 달았어!"

승환이는 그날 내내 만나는 애들한테 자랑을 해댔다.

나는 멤버들이 이렇게 우리가 하는 일로 뿌듯함과 자부심을 느낄 때가 정말 행복하다. 안된다는 편견을 깨고 할 수 있다는 것을 보여주고 있는 것이기에 그런 우리 스스로가 너무 대견하다.

이제 나는 어엿하게 결혼을 하고 가정을 꾸렸다. 그래서 더 책임감도 생기고, 멤버들에게 가족에 대한 이야기도 더 많이 하게 된다. 아무리 생활이 빡빡해도 연애들 좀 하라고 장난치듯 멤버들을 보채기도 한다. 빨리 결혼해서 아이도 낳고, 나중에 그 아이가 학교 갔을 때 "느그 아부지 뭐하시노?" 하면 당당하게 "청년장사꾼이요"라고 말할 수 있게 하는 거, 그게 내 꿈이라며 일장연설도 한바탕 늘어놓는다.

그리고 그 말은 나 자신에게 하는 다짐이기도 하다. 멤버들이 다 같이 잘 먹고 잘살 수 있게 나부터 더 열심히 살자. '나는 청년장사꾼이 다'라는 자부심을 가질 수 있도록 더 좋은 회사를 만들자. 나는 이렇 게 오늘도 되뇐다.

'장사'해서
'사장'되자

청년장사꾼이 하는 사업의 비전에는 '교육'이라는 것이 큰 자리를 차지하고 있다. 처음에는 나나 연석 형이 강연이나 컨설팅을 진행했던 것이 교육과 관련된 일의 전부였는데, 이것이 차츰 우리 나름의 사업 형태로 변화했다.

청년장사꾼의 이름으로 사업을 시작한 지 1년 정도 되었을 때, 우리는 본격적으로 '체험형 교육 프로그램'을 구상하기 시작했다. 3호점 꼬치집까지 오픈을 한 시점에서, 인력을 더 보충할 필요도 있었기 때문에 여러 모로 시의적절했다. '2주 동안 우리와 함께 장사를 하며 노하우를 배워갈 수 있도록 하자'. 그렇게 시작된 것이 지금의 '2주 교육 프로그램'이다.

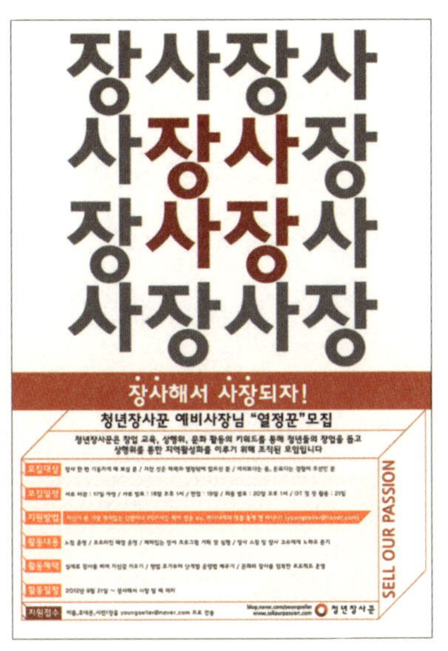

우리가 '장사'라는 테마로 교육 사업을 기획하게 된 계기는 세 가지다. 첫째, "안 되면 장사하지, 뭐!"라고 쉽게 생각하는 사람이 너무 많았다. 정말 미친 듯이 해도 매장이 자리 잡는 데는 오랜 시간이 걸린다. 어설프게 달려들었다가는 망하기 딱 좋은데도 준비 없이 창업을 해서 실패를 하고 만다. 그렇다면, 청년장사꾼에 들어와서 자신이 정말 장사를 잘할 수 있을지 먼저 경험을 해보면서 테스트 기간을 한번 거치는 것도 좋지 않겠나 하는 생각이었다.

둘째, 이렇게 열심히 그리고 열정적으로 사는 청년들이 있다는 것을 보여주고 싶었고, 희망을 주고 싶었다. 2주는 짧은 기간이긴 하지만 그 기간만이라도 한 분야에 집중적으로 파고들어 경험을 쌓는다면, 나중에 장사가 아닌 다른 일을 하게 되더라도 분명 값진 시간이 되리라 생각했다.

셋째, 이 프로그램을 통해 청년장사꾼 멤버의 채용도 도모하고 싶었다. 아무래도 면접만으로는 내 앞의 지원자가 어떤 사람인지 파악하는 게 쉽지 않다. 그래서 2주 교육 프로그램을 진행하며 동시에 2주 동안의 채용 시간을 갖고자 했다. 청년장사꾼에 정직원으로 들어오려면 2주 교육 프로그램을 수료해야 하는 것. 처음으로 공지를 올렸던 2주 교육 프로그램에서 우리는 10개가 넘는 지원서를 받았고, 2명의 1기 교육생을 선발했다. 두 교육생은 숙소에서 우리와 함께 먹고 자며 꼬치집과 감자집에서 열심히 장사를 경험했다. 그리고 2주 후에 한 명은 군대로 입대, 다른 한 명 운석이는 청년장사꾼의 정직원으로

들어왔고 지금은 6호점 공덕 골뱅이집의 점장을 맡고 있다. 지금은 2주 교육 프로그램을 거치고, 10주간의 인턴과정을 거친 후 정직원 채용 여부를 결정하고 있다.

운석이 이후로 2주 교육 프로그램은 꾸준히 이어져 45기가 넘는 교육생을 배출했다. 교육생들과 관련해서도 잊지 못할 에피소드들이 많았다. 부모님과 상의도 하지 않고 청년장사꾼 2주 교육 프로그램에 도전해보겠다고 지방에서 올라와 부모님한테서 전화가 온 적도 있었고, 시작한 지 이틀 만에 말도 없이 사라진 교육생도 있었다. 우리는 교육 프로그램을 진행하는 동안 중요한 회의에도 참석하게 하고 모든 것을 오픈했는데, 교육을 받고 나간 후 우리 매장과 똑같은 아이템과 콘셉트로 장사를 시작한 교육생도 있었다.

하지만 거꾸로 우리가 교육생들을 통해 긍정적인 영향을 받은 일도 많았다. 교육 프로그램이 진행되는 동안 교육생들은 일지를 쓰는데, 거기에는 그날 진행한 주요 업무들, 자기가 잘한 점, 못한 점, 그리고 건의사항 부분이 있다. 매번 이런 과정을 통해 우리 역시도 장사에 관한 피드백을 받으며 여러 힌트들을 얻기도 하고 자극도 받는다.

사실, 2주 동안 교육을 진행하는 게 말처럼 쉬운 일은 아니다. 2주 간격으로 새로운 교육생이 매장에 배치될 때마다 매장 소개와 안내(OJT)를 새로 해야 하니 멤버들이 더 신경 쓰고 교육해야 한다.

아마 제일 고생하는 건 2주 교육 프로그램을 전담하고 있는 멤버 수진이일 것이다. 수진이는 5호점 경복궁 골뱅이집을 오픈할 때 '오프너(2주 교육 프로그램에서 한 발 더 나아가, 매장 오픈 준비과정 때부터 경험할 수 있는 한 달 교육 프로그램으로 선발을 했었다)'로 참여했다가 정직원이 된 경우다. 원래는 한 달 프로그램을 마친 후 워킹홀리데이를 떠날 계획을 갖고 있었지만 청년장사꾼이 만들어가는 비전에 공감했는지 결국 정직원이 되었다.

2주 교육 프로그램은 지속적으로 업그레이드되고 있다.

'돈 받고 일하자, 배워서 남 주나!'

'장사해서 사장되자!'

처음에는 무료로 교육을 진행하는 방식이었지만 자리를 잡고 나서는 교육생들에게 인건비까지 지급하는 방식으로 더 발전시켰다. 우리는 2주 동안 서비스, 인테리어, 매장 운영, 아이템 분석, 프로모션,

팔로팔로미
38로8로미
돈받고 배우자 배위서 남주나
청년장사꾼
2주 교육프로그램
38기 모집

39
이건 너와 나의 연결고리
돈받고 배우자 배위서 남주나
청년장사꾼
2주 교육프로그램 39기 모집

사이 좋은
사이가
되어보는
42
42
벗 들 어 와
들 어 와
벗 들 어 와
돈받고 배우자 배위서 남주나
청년장사꾼
2주 교육프로그램
42기 모집

눈부신 그대의 열정..!
43
돈받고 배우자 배위서 남주나
청년장사꾼
2주 교육프로그램
43기 모집

지역문화 기획, 재고관리, 1:1 멘토링, 실전장사, 메뉴 이해·개발, 상권분석 등을 교육시키고 있다.

2주 교육 프로그램 외에도 교육사업을 다각화시키기 위한 활동들을 틈틈이 진행했다. 한번은 하자센터에서 요청을 받아 고등학생 대상 직업체험 프로그램인 '커리어위크'에 참여하기도 했다. 패션, 디자인, 영상, 게임개발 등 10개 분야의 회사들이 멘토 팀으로 참여했는데, 그중의 한 회사가 우리였다. 4일차의 프로그램 기간 동안 고등학생들에게 현장탐방 및 체험의 기회를 주도록 한 것. 그때 카페 창업을 꿈꾼다는 한 친구에게 멘토링을 해주었는데, 이후에도 메일을 보내오는 모습이 참 기특하고 또 뿌듯하기도 했다.

| 청 년 장 사 꾼   메 일 |

- 보낸 사람: 박진우
- 받는 사람: 청년장사꾼

감사합니다! 어떻게 보면 제 인생을 바꿔주신 분이라고 생각합니다. 한마디 한마디가 제게는 큰 깨달음과 힘이 되었고 대표님을 통해서 많은 사람과 만나고 많은 경험을 하게 되는 계기가 되었습니다. 정말 감사드립니다. 청년장사꾼의 열기를 아직도 잊을 수가 없습니다! …… 제가 나중에 세계적인 CEO가 되어도 이 감사함은 절대 잊지 않을 것입니다! '아 그때 그 열정 넘치던 애 있었지! 성공했구나!'라는 생각이 들도록 열심히 하겠습니다.

나는 교육 분야에서의 가능성을 느꼈다. 교육은 확실히 부가가치를 만들어낼 수 있는 사업이다. 우리가 장사를 하며 배운 것들을 나눔으로써 불필요한 실패를 조금이라도 덜 수 있다면 하나의 기업으로서 사회적 책임을 질 수 있는 방법 중 하나라고 생각한다.

무엇이든 혼자 할 수 있는 일은 없다. 우리를 찾아와주는 손님들 덕분에 우리가 장사를 할 수 있고, 우리 덕분에 장사를 하고 싶거나 진로를 찾으려는 청년들이 도움을 얻을 수도 있다. 장사라는 업의 본질인 정직함을 잊지 않되 우리가 할 수 있는 다양한 분야에 뛰어들어 길을 개척해간다면, 그러면 비단 우리 멤버들뿐만 아니라 거창하게 말해 사회 전체가 잘 먹고 잘살 수 있는 길도 찾을 수 있지 않을까?

우리의 교육사업은 앞으로도 계속될 것이다. 지금도 열심히 여러 기업체나 협회들과 연계한 새로운 교육 프로그램들을 추진하기 위해 열심히 구상하고 또 준비해나가고 있다.

사람과 사람을
잇는다

"사람과 사람을 연결하는 커넥터가 되어 미미할지라도 세상에 영향을 미치는 사람이 되자."

이건 내가 강의할 때마다 하는 말이다. 그리고 내 사명이기도 하다. 대학생 때 드림포레스트라는 대학생 강연기획 단체에서 강연을 기획해보고 또 직접 강연도 하면서 나는 '강연'이라는 것의 매력을 많이 느꼈다. 사람들에게 자신만의 콘텐츠를 전달할 수 있다는 것, 나도 내 필살기인 '장사'를 잘 살리면 가능할 수 있지 않을까 하는 꿈을 조금씩 키웠다.

그런데 청년장사꾼을 시작하고 나니 강연을 하게 될 기회가 점점 많이 생겼다. 강연은 청년장사꾼이 가진 '장사'라는 콘텐츠를 전달할

234

수 있는 하나의 장이 되기도 할뿐더러 우리가 추구하고자 하는 교육 사업의 맥락과도 맞닿아 있다. 그래서 나는 강연을 요청해오는 곳이 있다면 마다하지 않고 임하려고 노력한다.

강연을 할 때마다 나 역시 여러 모로 많은 힘을 얻는다. 청년장사꾼을 마음껏 홍보할 수도 있다. 강연은 단순히 한 번 하고 끝나는 게 아니라 사람에 대해 더 알게 되고, 또 사람을 얻게 되는 시간이 된다. 실제로, 강연을 통해 알게 된 친구들이 청년장사꾼에 관심을 갖고 지원해온 경우도 많았다. 특히, 군대에서 강연을 하면 그중 몇 명은 꼭 2주 교육 프로그램에 지원을 하곤 했다.

현재 멤버들 중에서도 군대에서 청년장사꾼을 알게 된 후, 2주 교육 프로그램을 거쳐 결국 정직원으로 들어오게 된 친구가 있다.

| 청 년 장 사 꾼 　 메 일 |

- 보낸 사람: 최완우
- 받는 사람: 청년장사꾼

안녕하십니까. 경기도 가평에 사는 22살 최완우라고 합니다. 지금은 군인입니다. 내년 4월 1일에 제대를 하게 되는데요, 군대에서 매거진에 나온 청년장사꾼을 보고 이렇게 메시지를 남깁니다. 저는 지방대학교 4년제를 다니다가 2학년 1학기까지 마치고 군대에 왔습니다. …… 그저 졸업장을 따기 위해 학교를 다니는 건 아닌 것 같아서 그 시간에 남들이 경험해보지 않

절실함과 진심이 담긴 메일을 읽고 답장을 쓰지 않을 수 없었다. 좋은 이야기도 해주고 싶었고 조금이나마 도움도 되어주고 싶었다. 나는 답장 메일을 보내고, 청년장사꾼의 이름으로 추천도서 3권도 보내주었다.

멤버들에게도 메일 내용을 공유했다. 이렇게 우리 청년장사꾼에 들어오고 싶어 하는 친구가 있다고. 멤버들은 이름을 보고는 '아, 이 친구!' 했다. '최완우'라는 이름으로 소포 한 보따리가 이미 와 있었던 거다. 소포 안에는 직접 쓴 편지와 홍삼, 먹을거리까지 정성스레 담겨 있었다.

완우는 결국 2주 교육 프로그램을 신청해 말년 휴가 때 프로그램을 이수하고, 전역 후에 청년장사꾼 멤버로 들어왔다. 처음 완우가 면접을 보러 왔을 때를 떠올리면 재미있는 게, 메일로는 패기가 넘치더니 덜덜덜 긴장한 모습이 역력했다. 멤버들은 지금도 종종 그때를 떠올리며 완우를 놀리곤 한다.

"완우야, 너 그때 윤규 형 보고 입술 떨었던 거 기억나?"

"에이 형, 제가 언제 그랬어요"

이제는 노련해진 완우는 아무렇지 않게 받아친다.

완우는 정말 장사를 열심히 한다. 여름휴가 때도 자기 혼자 자전거를 개조해 집 근처 가평역에서 레몬에이드와 자몽에이드를 팔았던 친구다. 이렇게 항상 새로운 도전과 시도를 하는 친구들 덕분에 다른 멤버들도 자극을 받으며 더 열심히 하려는 분위기가 만들어지는 것 같다.

청년장사꾼이 잘되다 보니 청년 창업, 청년 CEO, 서비스 마인드 등을 주제로 강연을 요청해오는 대학교, 기업체들도 생겼다. 최근에는 강연 프로그램인 「세상을 바꾸는 시간, 15분」에 나가 장사를 하며 깨닫게 된 '관심의 힘'에 대해 이야기를 하기도 했다.

「세상을 바꾸는 시간, 15분」은 지금까지 했던 강연 중 가장 부담도 되고 또 욕심도 나는 것이었다. 15분이라는 짧은 시간 동안 어떻게 하면 우리 청년장사꾼의 이야기를 가장 잘 전할 수 있을지, 또 '장사'와 '관심'이라는 주제를 어떻게 하면 재미있게 잘 풀어낼 수 있을지 고민을 많이 해야 했다. 문제는 원고에 열중해야 하는 시점이 계획되어 있던 여행 기간과 겹쳤다는 것. 역시 멤버들밖에 없다. 연석 형과 단이, 영리가 많이 도와준 덕분에 무사히 준비를 마쳤다.

그리고 강연 당일, 누가 청년장사꾼 아니랄까 봐 강연장까지 응원하러 온 수진이와 영리는 '감자 팔아 장가간다'는 문구가 적힌 티셔츠를 입고 앉아 '열정, 정열'이라고 쓰인 부채를 열심히 흔들었다.

750명 앞에서 청년장사꾼의 이야기를 솔직하게 풀어놓고 나니 감회가 새로웠다. 앞으로 더 잘해야겠다는 생각을 다시 한 번 더 다지는 기회가 되었음은 물론이다.

장사
세상을
바꾸는

세상을
바꾸는
시간,
15

04

마을을 살리자,
마을에서 놀아보자!

청년장사꾼이 하는 사업은 크게 세 가지로 나뉜다. 장사, 교육 그리고 마지막으로 지역과 함께하는 문화. 처음 1호점 카페 벗을 내면서 우리는 이태원의 '우사단마을'에서 할 수 있는 지역 프로젝트를 꾸준히 기획하고 추진해왔다.

그동안 마을에는 정말 많은 변화가 있었다. 몇몇 아티스트 작업실들이 간간이 들어서 있던 '우사단로 10길'에 이제는 길 전체가 꽉 찰 정도로 다양한 종류의 가게들이 들어섰다.

우리가 처음 아티스트들을 모아 만든 마을 모임인 '우사단단'에 참여하는 이웃들도 많이 늘었다. 우사단단은 마을에서 재미있게 놀 궁리를 하다가 만든 모임이었다(연석 형 그리고 특히 단이가 핵심 멤버로 모임을 주도해주었다. 청년장사꾼의 문화사업들의 중심에는 늘 단이가 있다). 아티스트들이 모이니 참신한 아이디어들이 매일 터졌고, 그렇게 즉흥적으로 시작한 활동들이 꽤 많았다. 동네 찌라시 〈월간우사단〉(때로는 격월간, 격격월간이라는 이름을 달고 나오기도 했다)도 그렇게 만들기 시작했는데, 동네 맛집 소개에서부터 마을미담, 허세 추천도서, 우산단 로망 릴레이 소설에 이르기까지 재미있고 기상천외한 내용들을 담아 동네 사람들의 웃음을 유발하기도 했다.

우사단마을에서 진행하는 가장 큰 프로젝트를 꼽자면 단연 '이태원 계단장'일 것이다. 처음에는 우리도 이 장터가 지금처럼 유명세를 타게 될지 몰랐다. 서울에서 진행되는 장터만 해도 수십 가지다. 그중에 우사단마을의 '계단장'은 최근 사람들이 가장 많이 찾는 장터 중 하나로 꼽히고 있다.

2012년에서 2013년이 되던 겨울. 우산단단 모임에서 〈월간우사단〉을 만들면서 봄이 오면 꼭 마을에서 재미있는 이벤트를 열자고 의견이 모아졌다. 우사단단의 핵심 멤버이기도 한 재민이 형이 홍대 프리마켓 등 여러 장터에서 '10초 초상화'를 10년 동안 그려왔던 경험이 있었기에, 우리가 함께 힘을 모으면 충분히 우사단마을에서도 판을 벌여볼 수 있겠다 싶었다. 무엇보다, 마을에 활력을 불어넣기 위한 취지라는 점에서 청년장사꾼이 추구하는 뜻도 살릴 수 있는 좋은 프로젝트라고 생각했다.

관건은 장터를 열 마땅한 장소를 찾는 일이었다. 이슬람사원 안에

있는 마당이 생각이 나서 연락을 취해봤지만 상업적 용도로는 사용할
수 없다는 답변을 들었다.

"계단이 있잖아! 전망 좋은 그 계단!"

이슬람사원을 끼고 왼쪽 길로 걸어가다 보면 오른쪽에 긴 계단이
하나 있다. 제일 꼭대기에 서면 아래로 서울이 다 내려다보이는, 서른
개 정도 되는 울퉁불퉁하게 생긴 계단이다. 그 계단에 셀러들이 앉아
물건을 팔고 주민들이나 관광객들이 오르내리며 구경을 한다면 그림
이 꽤 괜찮을 것 같았다.

"일단 추진해보자!"

장터 이름은 계단에서 열리니까 장소성을 살려 '이태원 계단장'으로
정했다. 우리는 무엇보다 홍보에 제일 힘을 썼다.

"어떻게 하면 사람들이 많이 올까?"

우선은 좋은 물건들을 많은 사람들이 와서 팔 수 있도록 해야 한다.
하지만 처음 시작하는 장터에 셀러들이 선뜻 물건을 팔러 오기란 쉽
지 않다. 셀러들 입장에서도 장사가 잘되는 장터에 나가야 수익을 뽑
을 수 있기 때문이다.

일단 우사단단 아티스트들부터 주축이 되어 셀러로 나서기로 했다.
SNS 파급력이 가장 좋은 재민이 형은 계단 입구에서 10초 초상화를
그리기로 했다. 플로리스트 그룹인 '스타일지음'을 운영하는 누나들
도 옆에서 꽃을 팔고, 온라인마케팅 회사 비어앤펜슬의 박진수 PD님
은 소장하고 있던 연필을 팔고. 우리는 카페 벗에서 커피를 파는데,

계단장 당일만 할인해서 아메리카노를 2000원에 판매하고, 셀러들에게는 특별히 1000원에 판매하기로 했다.

청년장사꾼이 처음 문화 프로젝트를 시작했을 때처럼 알음알음 지인들을 모두 끌어들였다.

"우리가 동네에서 진짜 재미있는 장터를 할 건데, 와서 같이 물건도 팔고 놀다가 가!"

장터에는 먹거리, 볼거리, 즐길 거리가 있어야 사람들이 매력적으로 느낄 수 있기 때문에 판매 이외의 프로그램도 기획했다. 청년장사꾼 문화기획 서포터즈 활동을 했던 영동이는 '동동투어'라는 이름으로 마을투어를 먼저 시작했다. 우사단마을의 역사적인 이야기부터 시작해 현재에 이르는 이야기를 하며 골목골목 동네를 한 바퀴 가이드해주는 프로그램이었다. 공연 프로그램도 추진을 했는데 섭외하기가 참 어려웠다. 마침 스타일지음 누나가 이태리에서 성악을 전공하는 친구가 한국에 들어와 있다며 소개해주었다. 그렇게 계단장의 첫 공연, '계단 위의 아리아'가 탄생했다.

본격적인 계단장 홍보를 위해 우리는 캐릭터도 만들었다. 그곳은 예전에는 도깨비시장이었던 곳이었는데, 도깨비 스케치 경진대회에서 나온 그림을 활용해 '우깨비'라는 캐릭터를 만들었다. 우깨비는 물방울 모양에 커다란 눈이 하나 달려 있는 도깨비다. 이태원 계단장의 상징인 '계단'이라는 캐릭터는 계단 모양에 눈을 하나 그려서 만들었다.

SNS를 통해 열심히 셀러 모집을 했고, 동네 사람들에게도 전단지

를 만들어 나눠드렸다. 그리고 전날 밤, 우사단단 멤버들은 직접 만든 현수막을 계단 곳곳에 걸고 준비를 마쳤다.

"사람 별로 안 와도 괜찮아. 그냥 우리끼리 재밌게 놀면 되지 뭐!"

진짜 사람이 많지 않더라도 재미있게 놀 작정이었다.

제1회 이태원 계단장 아침. 다 같이 모여 동네 청소부터 시작했다. 드디어 장터가 시작되고 판이 열렸다. 청년장사꾼 멤버들은 홍보 전단지를 가지고 이태원역까지 내려갔다. 이태원역 주변 메인 도로에는 주말에 데이트 나온 사람들이나 놀러온 사람들이 많았다. 우리는 장사꾼답게 사람들에게 다가가 열심히 장터 홍보를 했다.

연석 형은 셀러들의 판매도 열심히 도왔다. 셀러들 중에서는 적극적으로 물건을 파는 분들도 물론 있었지만 조용하게 자리에 앉아 있는 분들도 많았다. 앞으로도 계속 셀러들이 신청하고 싶은 장터가 되기 위해서는 물건이 잘 팔려야 했다. 연석 형은 능숙하게 구경하러 온 사람들을 붙잡고 말을 걸었다.

"내가 옆에서 보니까 옆의 여자친구가 이 팔찌를 쳐다보던데! 여기 서 안 사면 후회해요!"

"이건 진짜 맛있어요. 그런데 여기서, 딱 오늘밖에 안 판다는 거!"

어느새 사람들이 많이 몰렸다. 카페 벗 건물주 할아버지도 계단장 에 구경 나오셨다가 꽃도 하나 사셨다.

"동네에 이렇게 사람이 많았던 적은 없었던 거 같네."

할아버지 말씀처럼, 그야말로 동네 잔치였다. 계단 위에서 소프라 노의 아리아 공연이 시작되니 계단 근처에 있던 사람들이 집중했다. 노래가 끝나자 박수가 터져 나왔다.

첫 번째 계단장. 생각했던 것 이상으로 사람도 많이 오고 재미있게 끝난 덕분에 이후 셀러들의 신청이 확 늘었다. 세 번째 계단장부터는 100팀이 넘는 셀러가 지원을 해서 다 수용할 수조차도 없는 상황이 됐다. 어쩔 수 없이 분야별로 선착순으로 정한다는 기준을 만들었다. SNS를 통해 알려지기 시작하니 파급효과는 점점 더 커졌다. 여기저 기서 취재도 많이 나왔다. 각종 미디어나 잡지에도 많이 소개가 되었다.

계단장에 셀러로 나온 사람 중에 기억에 남는 사람들도 많다. 한번 은 9살 난 꼬마아이가 가족과 함께 나와 직접 찾은 네잎클로버를 코 팅해서 1000원에 팔았다.

"네잎클로버 사세요! 하나에 1000원이에요!"

조그만 꼬마아이가 열심히 외치는데 너무 귀여워서 지나가던 사람들 너나할 것 없이 걸음을 멈추고 하나씩 구매를 하기도 했다.

계단장에 여러 번 나오며 친해진 셀러들 중에는 계단장 덕분에 물건 홍보가 돼서 잡지에 실리거나 온라인 쇼핑몰에 입점하게 된 팀도 있었다. 그렇게 셀러들은 물건도 팔고 홍보도 할 수 있어 좋고, 동네 가게 사람들도 사람들이 많이 모이니 평소보다 장사가 잘된다고 좋아했다. 카페 벗도 계단장이 열리는 날이면 커피가 쉴 새 없이 팔리곤 했다.

이렇게 흥겨운 분위기가 형성되니 정말 뿌듯했다. 청년장사꾼이 지역문화 프로젝트를 진행하는 이유, 지역과 함께 잘 먹고 잘사는 길이 조금씩 실현되고 있다는 느낌이었다.

'들어와!'
프로젝트

동네 신문을 만들고, 장터를 열어 성황리에 운영하는 등 우사단마을에서 벌인 활동의 반향은 꽤 컸다. 용산구에서 주는 표창장까지 받았다. 마을 청년들의 자발적인 움직임으로 지역을 활성화시키는 데 기여했다는 의미였다.

2013년 한 해 동안 이태원 계단장은 3월부터 10월, 총 8번 열렸다. 날씨가 추운 겨울에는 진행하기 힘든 만큼 다음 해를 기약하며 한 해의 장터를 마무리했다.

그리고 2014년이 되어 시작한 계단장은 두 번째 페이지를 맞이했다. 처음 계단장을 시작했을 때에 비하면 우사단마을에는 어느새 활기가 넘쳤다. 그동안 DJ스튜디오, 타투샵 겸 갤러리, 카페, 게스트하

우스, 빈티지샵, 메이크업 아티스트 작업실 등등 우사단로 10길을 따라 도깨비시장까지 이르는 거리에 사람들이 구경할 만한 콘텐츠들이 많이 생겨났다.

그래서 계단장의 판을 더 키워봤다. 바로 '들어와' 프로젝트!

평소에는 장사를 하는 곳이 아니더라도 계단장이 열리는 한 달에 한 번, 매월 마지막 주 토요일에는 각자의 작업실이나 가게를 활짝 열어 워크숍도 열고 물품도 파는 프로젝트다.

처음 계단장과 '들어와' 프로젝트를 함께 준비할 때는 특별한 취재팀도 함께했다. 바로 KBS 「다큐 3일」 촬영팀. 계단장 전날과 당일, 그리고 다음 날까지 3일 동안의 우사단마을이 카메라에 담겼다. 연석 형은 촬영 내내 「다큐 3일」 팀과 함께 움직이며 마을을 안내하고 소개했다.

방송이 나간 덕분에 이후 계단장이 열린 5월에는 정말 엄청난 사람들이 모였다. 우리도 어느 정도 마음의 준비를 하고 카페 벗 재고 물량도 넉넉히 준비를 했고, 실제로도 엄청난 매출을 기록했다.

그날 계단장 행사 전체를 총괄했던 연석 형은 정말 정신을 차릴 수 없을 정도로 바빴다. 계단에 내려가려고 기다리는 사람들 줄이 100미터가 넘도록 이어졌다. 사람이 많이 모인 만큼 차량도 많아 통제가 불가능할 정도였다. 인근 파출소에 통제 요청을 했지만, 그마저도 어려웠을 만큼 이날 모여든 인파는 정말 상상을 초월했다.

다행히 큰 사건사고 없이 계단장은 끝났지만 다음 장터에 대한 대책은 세워야 했다. 애초에 즐겁게 놀아보자고 시작한 장터였는데, 이번 같은 경우가 계속된다면 진행이 어려울 수밖에 없다. 안전과 관리의 문제도 컸고, 너무 많은 인파가 몰리기 때문에 지역 주민들의 불편도 감안해야 했다.

결국 6월부터 계단장은 열지 않았다. 대신 우사단로 10길을 따라 길게 이어지는 '들어와' 프로젝트만 지속적으로 추진하기로 했다. 가게 앞쪽으로 공간 여유가 있는 곳은 당일 외부 셀러들의 참여도 받아서 장터 분위기를 더했다.

6월, 계단장 없이 처음으로 열렸던 '들어와' 프로젝트는 성공적이었다. 이날은 물건을 파는 셀러들도, 구경을 나온 사람들도 활기가 넘쳤다. 마을에서 원래 장사를 하던 분들도 평소보다 장사가 잘되니 '월세 뽑는 날'이라고 이름도 붙였다. 어느 밥집 아주머니는 '들어와'가 열리는 날은 특별히 알 감자와 떡볶이 등을 만들어 팔았고, 슈퍼 앞에서는 동네 아주머니들이 뚝딱 전을 부쳐 팔기도 했다. 이렇게 자체적으로 동네 사람들이 뭔가를 하고, 이익도 얻을 수 있다는 게 너무 좋았다.

이날은 동네 사람들뿐만 아니라 청년장사꾼 멤버들도 즐겁다. 멤버 형호와 정훈 콤비는 이날 7호점 매장 앞에서 수박화채를 신 나게 팔았다. 그다음 달에는 운석과 동규 콤비가 '#쪼다브라더스'라는 팀명을 만들어 수박주스를 팔아 대박을 쳤다. 컵에 수박주스를 갈아서 넣고 그 위에 수박 한 조각을 껍질 채로 잘라 올려주니 비주얼이 엄청났다. 마침 날씨도 엄청 더워서 많은 사람들이 사 마셔준 덕에 완판을 기록

Pak India
Restaurant
당신의 불을
리닙다

삼천원
최원우

250ml
잼있는 인생
100ml

감자집

했다. 그 옆에서 같이 장사를 했던 '아사이몬스터' 팀의 상영이와 승환이, 가평에서 노점 때 사용했던 자전거를 끌고 와서 레몬에이드와 자몽에이드를 팔았던 완우도 쏠쏠히 재미를 봤다. 멤버들은 너도나도 '들어와' 프로젝트가 열리는 날, 새로운 아이템으로 노점 도전에 나서곤 한다.

우사단마을에서는 장터 말고도 자발적으로 진행하는 행사들이 이후로 더 많아졌다. 봄이 되면 동네 화단을 꾸미는 '게릴라 가드닝'을 하고, 주차금지 표지에 화분을 꼽는 '라바콘 화분' 작업, 옥상에서 공연을 기획하는 '옥상유랑단', 시간 되는 사람들끼리 모여 밥을 만들어 먹는 '식계' 등 마을에 볼거리들이 점점 늘어나고 있다.

즐거워서 시작했던 프로젝트가 또 다른 즐거운 프로젝트로 이어지고, 그렇게 계속 하나둘 다양한 일들이 생겨나니 우리도 즐겁고 마을도 즐겁다. 그래서 행복하다. 확실히 내가 즐거우면, 함께 즐거워지고 싶은 사람들이 생겨나고 더 많아진다.

아직 아이디어만 나오고 실행까지는 못 간 프로젝트들도 있다. 어떤 것들이 실현이 되어 나올지 아직은 미지수지만, 지금의 우사단마을의 모습을 2년 전에는 상상도 못했던 것처럼, 앞으로의 변화도 그 누구도 예상할 수 없는 일 아닐까?

06

청년과 지역,
한 배를 탄 우리

청년장사꾼은 '지역'과 떨어질 수 없는 관계를 가지고 있다. 청년이기에 부족한 자본을 가지고 월세가 저렴한, 달리 말하면 낙후된 상권에 매장을 낸다. 그리고 그 안에서 우리가 살아남을 수 있을 만한 방법들을 치열하게 찾는다.

우선, 우리는 매장을 열심히 홍보한다. 각종 이벤트나 프로모션 등을 통해 매장을 알리고 사람들을 불러 모은다. 그리고 다음은, 그 지역의 유입 인구를 증가시킬 수 있는 방법을 고민한다.

물론 그렇게 늘어난 사람들이 다 우리 매장에 오는 건 아니라 해도, 그 역시 재미있고 의미 있는 일이라 생각한다. 처음부터 청년장사꾼의 시작도 '장사'와 '지역'을 묶는 것이었으니까. 지역문화를 만들고,

이태원 우사단마을에서는 여러 아티스트들과 함께 재미난 마을공
동체를 만들고 있다면, 경복궁에서는 또 다른 방식으로 지역과 함께
하는 프로젝트들을 진행하고 있다. 서촌 지역은 우리가 들어가기 이
전부터 문화 프로젝트를 진행하고 있던 여러 팀들이 있었기에 우사단
마을과는 다른 방식으로 접근했다. 좀 더 자연스럽게 우리가 마을에
스며들 수 있는 방법이 뭐가 있을까? 지역을 위해 할 수 있는 일들이
뭐가 있을까 생각하며 조심스럽게 아이디어를 모았다.

2호점 경복궁 감자집을 하며 많이 친밀해진 배화여중고 학생들과
의 기억이 제일 많다. 수능 때 이벤트를 해줬던 것처럼, 우리는 졸업
식 때도 배화여고 학생들에게 선물을 주는 이벤트를 진행했다. 졸업

식을 마치고 부모님들과 같이 내려오는 친구들에게 졸업 축하한다고 인사를 하고, 뽑기를 통해 저녁 때 방문하면 사용할 수 있는 쿠폰도 나눠줬다.

단순히 매장 이벤트에서 그치지 않고 멤버들은 직접 손 글씨로 카드를 써서 건네기도 했다. 졸업을 축하한다는 멘트와 함께 'ASKY(안 생겨요)'라고 장난스럽게 쓴 카드로 웃음을 주기도 했다. 감자집이 오픈한 이후로 매일 지나다니며 많이 놀러오던 친구들과 자주 못 본다는 건 생각보다 마음이 쓰이는 일이었다. 졸업하고 나서도 이 친구들은 종종 매장을 찾아오곤 한다.

스승의 날에도 큰 이벤트를 걸었다. 뭔가 그냥 지나가기 아쉬워서 뭘 해볼 수 있을까 하다가 이야기가 나온 후 곧바로 추진된 기획이었다.

| 청 년 장 사 꾼 아 지 트 |

- 제목: 스승의 날 기념! '선생님! 오늘은 저희가 쏠게요!'
- 부제: 양념감자 30개를 향한 숨 막히는 54시간
- 참여 방법: 선생님에 대한 사랑을 사진으로 표현하여 청년장사꾼 감자집 페이스북 페이지에 업로드. (대표자 연락처 포함)
- 참여 기간: 5/12 18:00 ~ 5/14 24:00 (54시간 동안)
- 심사 기준: 재미, 진심, 참신

- 상품: 양념감자 M 30개, 치즈스틱 사진에 나온 학생 수 만큼 5/15일 찾아
  가서 직접 드림.
- 참여 대상: 배화여중, 배화여고, 배화여대(여기까지밖에 갈 수가 없어서……)

일단 페이스북 페이지에 올리고, 매장에는 내일 붙이려고 합니다! 재미있
는 사진들을 많이 받을 수 있으면 그것으로 첫 번째 홍보, 우리가 배달 가는
사진으로 두 번째 홍보, 두 사진들을 뽑아서 매장에 붙임으로써 세 번째 홍
보 효과까지!

곧바로 이벤트 내용을 페이스북에 올렸다. 딱 스승의 날로부터 54시
간 전이었다. 과연 얼마나 효과가 있을지가 관건이었다. 이왕 쓰기로
한 거, 접수가 많이 들어오길 기다렸다.

그런데 하루 전까지 올라온 참여 사진은 달랑 한 건. 우리는 올라온
사진을 다시 홍보 글에 사용해 '시간이 얼마 남지 않았다'며 막바지 홍
보에 박차를 가했다. 그리고 스승의 날이 되는 자정. 몇 분 사이에 10개
가 넘는 사진과 사연이 연이어 들어왔다.

하나같이 다들 정성스럽게 보내준 사진과 사연들이라 그중에 도저
히 어느 하나만 뽑을 수가 없었다. 선생님들까지 몸소 참여해서 애타
게 감자를 향해 손짓하는 사진을 보니 너무 고맙고 감사했다. 그리고
학생들이 너무 예뻤다.

"배달하려면 좀 고생은 하겠지만, 이렇게 된 거 그냥 다 주자!"

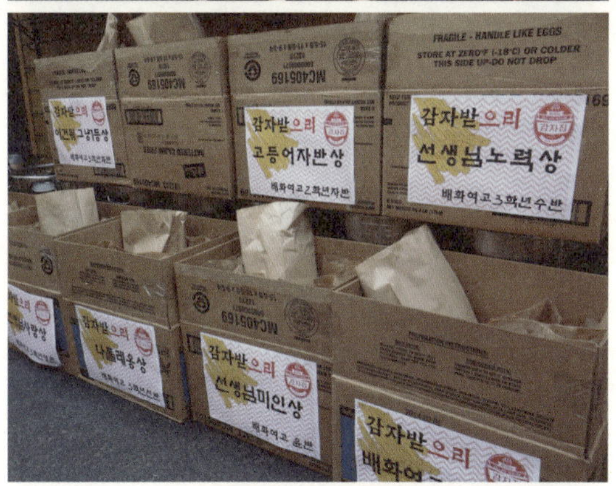

우리는 사진과 사연을 보내준 반 모두에게 상을 주기로 했다.

아침 일찍부터 멤버들 전원이 소집되어 감자집으로 모였다. 한쪽에서는 감자를 튀기고, 옆에서는 포장을 준비했다. 상품준비가 완료된 후 유니폼을 다 차려입고 '열정카' 타고 출발!

학교 규정상 외부 음식은 반입하면 안 되었지만, 1등 반 선생님이 교장선생님께 부탁을 해서 들어와도 된다고 허락을 받았다. 교장선생님 감자튀김도 따로 준비했다. 우리는 반마다 멤버들이 들어가서 학생들에게 감자튀김을 나눠주었고, 함께 신 나게 사진도 찍고, 파이팅도 외치고 나왔다.

이날 우리는 감자튀김 총 300인분을 튀겼다. 이벤트 사진을 올린 페이스북 글의 '좋아요'는 200건을 넘어섰다. 단순히 매장에서 진행하는 매출 증대용 이벤트와는 또 다른 재미와 기쁨이 있었다. 이런 게 청년장사꾼만이 할 수 있고, 청년장사꾼다운 의미 있는 이벤트라고 생각한다.

청년장사꾼은 얼마 전에 이태원, 경복궁, 공덕에 이어 새로운 지역에 진출했다. '열정도'라는 이름으로 걸고 용산구 원효로에 6개의 매장을 동시에 낸 것이다. 이는 그야말로 청년들의 자력갱생을 위한, 청년장사꾼 역대 최대 규모의 프로젝트라고 할 수 있다. 열정도에는 철인 28호(철판요리와 와인), 치킨사우나(찜닭과 치킨), 판(점심 백반, 모듬전과 막걸리), 열정도 감자집(감자튀김과 에일맥주), 열정도고깃집(삽겹살,

목살, 항정살), 그리고 아지트(다양한 안주와 술이 있는 캐주얼펍)까지 각양 각색 매장이 있고, 골라먹을 수 있는 다양한 메뉴들을 선보이고 있다.

5호점 골뱅이집에 담았던 시도, 멤버들의 지분 투자로 만드는 '모두 가 사장인 매장'은 바로 이곳 '열정도'로 옮겨 더 크게 키웠다(열정도에 멤버들의 역량을 집중하기 위해 5호점 매장을 정리했고, 5호점은 이제 청년장 사꾼 역사의 한 페이지로 남았다). 27명의 멤버가 '열정도'에 지분을 투자 했다.

청년장사꾼이 향하는 커다란 배에 모두가 사활을 거는 마음으로 올 라탔다. 이 배가 어떤 섬에 다다를지 아직 알 수는 없지만, 우리는 지 금까지 해온 것처럼 전력을 다해 노를 저을 것이다. 어떤 섬에 도착하 든 분명 엄청난 발견을 이뤄내리라 믿는다. 이렇게 좋은 멤버들과 함 께라면, 어디든 갈 수 있고 무엇이든 팔 수 있다. 우리는 '장사정신'으 로 무장한 청년장사꾼이니까!

열 정 도

용산구 원효로1가 백범로

열정도로 오세요 ✦ 열정도 드립니다

BOOOOM

열
정
열
정

훈남들의
"직접"
맛있게!
약죽지게!!
열정 넘치게!!!
구워드립니다!!!!
열정도고깃집
삼겹

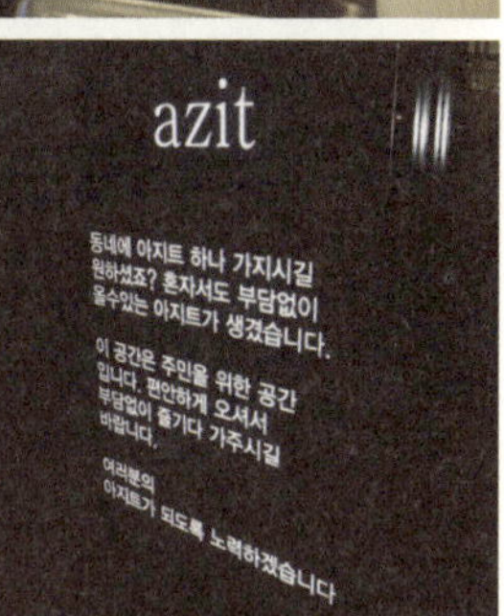
azit

동네에 아지트 하나 가지시길
원하셨죠? 혼자서도 부담없이
올수있는 아지트가 생겼습니다.

이 공간은 주민을 위한 공간
입니다. 편안하게 오셔서
부담없이 즐기다 가주시길
바랍니다.

여러분의
아지트가 되도록 노력하겠습니다

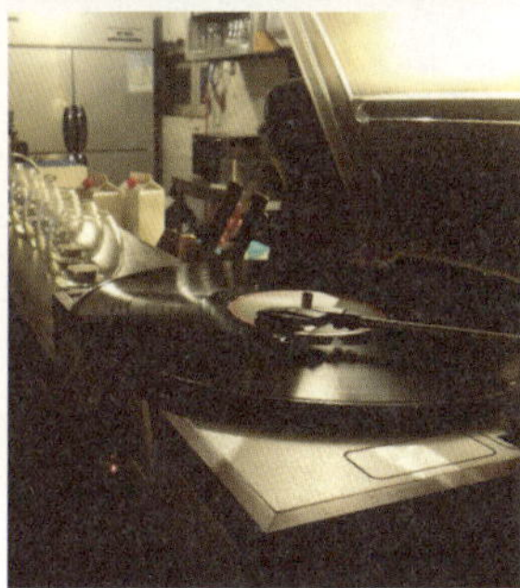

청년장사꾼
멤버들의 이야기

: 우리가 생각하는 장사란?

구현도 : 끊임없는 관심과 소통.

김진영 : 사람과 소통을 하는 방법. 나라는 존재를 세상에 알리고 소통할 수 있는 창구. 내가 만든 기획물을 다른 사람들과 같이 공감하고 서로를 알아갈 수 있는 하나의 방법.

손민우 : 내가 행복하고 나와 같이 일하는 사람이 행복하고 나와 같이 일하는 사람을 보러 오는 사람이 행복한, 모든 사람이 행복해지는 것.

이성화 : 줄다리기. 혼자만의 힘으로 버티고 당기는 데에는 한계가

있고 앞에서 당기든 중간에서 당기든 후미에서 당기든 한 마음 한뜻이 필요하다. 다 같이 노력해야 이길 수 있는 경기와 같은 것. 혼자만의 편안함을 추구하는 사람이라면 그 다음 경기에는 출전할 자격이 없다.

이시형: 틀에 박히지 않고 내가 하고 싶은 일을 할 수 있고, 그런 것들을 통해 내 삶을 조금 더 재미있게 만들 수 있는 것.

홍태경: 노력의 대가가 그대로 나타나는 것.

이승환: 사람을 남기는 것. 사람을 남긴다는 것은 당장의 이득보다는 다시 한 번쯤은 더 찾아올 수 있게끔 재미있게 이야기도 하고 재미있는 장소를 만드는 것. 그런 것이 장사.

방남경: 내가 지금 당장 하고 싶어 하는 나의 중요한 생활 중 한 부분.

임병호: 모든 일의 기본. 장사를 안다면 못할 일은 없다.

정진규: 어렸을 때부터 차곡차곡 쌓아온 꿈들을 파는 것이다.

: 왜 나는 청년장사꾼에 들어왔는가?

김운석: 머리가 하나보다는 둘이 낫다는 말이 있듯이 나 혼자 생각하기보다는 여러 명이 생각해야 여러 가지 답, 좋은 답이 나올 수 있다. 각자의 생각을 통해서 많은 것을 공유하고

배울 수 있을 것 같아서.

안상영: 의식주에 대한 관심이 있다. 청년장사꾼은 의식주와 관련해서 하고 싶은 모든 일을 해볼 수 있는 곳. 그래서 여기가 재밌다. 내가 여기에 있는 이유이고, 앞으로도 있을 이유다. 의식주의 궁극점인 이 호텔에서.

오단: 내 손으로 기획해서 무언가를 만들고 그에 대해 즐거워하는 반응을 얻는 것에 기쁨을 느끼기 때문에.

이승환: 힘듦에도 불구하고 이렇게 재미있는 형들과 함께 있어서 재미있게 일할 수 있기 때문에.

양대훈: 지금까지 살아오며 이렇게 열심히 살았던 적이 없었다. 청년장사꾼은 늘 저에게 도전의식과 살아있다는 느낌이 들게 한다.

김철유: 서울의 큰 빌딩을 보면서 어떤 수익구조로 저 큰 빌딩이 운영될 수 있는지 궁금했다. 그리고 나도 그 속에서 맡은 바 임무를 수행할 줄 알았다. 그러던 중 청년장사꾼을 만났다. 장사라는 기본을 가지고 단체 그리고 회사를 만들어나가는 모습을 그려보겠다는 생각이 들었다. 조금씩 그려나가는 중이다.

이규찬: 파이팅 넘치고 열정적인, 말로 형용할 수 없는 색깔을 배우고 싶어서.

안유종: 장사의 기본과 장사 이외의 모든 것을 배울 수 있는 곳이니까.

: 나는 왜 장사를 하려고 하는가?

김기원: 간단하다. 하고 싶어서! 그리고 가족이랑 매일 맛있는 밥을 먹고살기 위해서.

김수진: 내 시간을 내가 쓰고 싶어서.

신동규: 라면집 사장이 꿈이다. 청년장사꾼 멤버로 들어온 다음부터는 이렇게 좋이 접으면서 재미있는 애기를 하며 즐겁게 장사를 할 수 있어서 더 좋다. 모두가 가족 같다.

박우용: 간단하지만, 즐겁게 내 힘으로 돈 벌고 싶어서.

김준모: 좀 더 윤택한 삶을 살기 위해.

김형호: 스펙 쌓으려고 스트레스 받을 때보다 훨씬 살아있음을 느껴서. 역시 나는 머리보다 몸으로 부딪치는 게 적성에 맞는다.

나정훈: 사랑하는 가족과 사랑하는 사람과 행복하게 잘 먹고 잘살기 위해서.

김주란: 나에게 장사는 행복한 시간을 파는 것이다. 기분 좋은 서비스가 있는 곳에서 맛있는 거 먹으면서 사랑하는 사람들과 함께 시간을 보내는 걸 행복이라고 생각하기 때문에. 힘든 세상 살아가는 사람들에게 소소한 행복을 팔고 아름다운 세상을 만들고 싶은 게 장사를 하고 싶은 이유다.

문승현: 매장이 하나의 작은 기업이라면 내가 그 기업의 사장이 될

수 있다는 것이 어떤 일보다 매력적이었다. 매일 '내 매장을 어떻게 만들까'라는 꿈을 꾸고 있고, 그 꿈 때문에 장사를 배우려고 한다.

박인제: 다른 어떤 것을 할 때보다 장사를 할 때의 내 모습이 제일 나답다고 생각한다. 제일 멋지다고 스스로 느꼈다.

장은국: 여러 사람들도 만나고 나를 통해서 가게에 오는 사람들이 잠시나마 행복했으면 해서.

: 나는 청년장사꾼에서 어떤 역할을 하고 싶은가?

박다한: 나의 의견을 소신 있게 말할 수 있는, 뭐든지 열심히 하는 믿음직스러운 역할.

강병건: 일적으로는 창의적이면서도 보편화시킨 요리메뉴를 계속 개발하여 단체가 성장하는 만큼 그에 도움이 되고 나도 성장할 수 있는 사람이 되고 싶다. 사적으로는 편안하고 어느

멤버와도 힘들 때나 기쁠 때 솔직하게 얘기도 나누고 함께 놀아줄 수 있는 편안한 사람이 되고 싶다.

최완우 : 누구보다 성실하고 즐겁게 일하는 역할을 하고 싶다. 청년 장사꾼에서 꼭 필요로 하는 그런 역할. 누구보다 성실히 열심히 즐겁게 하는, 그래서 다른 멤버들도 보고 자극받을 수 있는 촉매제 같은 역할.

이영리 : 공기 같은, 있는 듯 없는 듯하지만 꼭 필요한 사람.

천성우 : 나만이 할 수 있고 청년장사꾼에서 내가 제일 잘 하는 무언가를 찾고 싶다.

김준희 : 톱니바퀴. 어긋나지 않고 내 자리에서 열심히 하며 빠져선 안 되는 중요한 역할이 되었으면 한다.

오늘의 장사꾼
김기원
"눈호강
시켜드림"
오늘의 장사꾼
박다한
가끔 정색하는
차두리

오늘의 장사꾼
양대훈
"애인없어요.."

"우주
제일
미남"
오늘의 장사꾼
방남경

오늘의 장사꾼
오단
우사단 마을
컴퓨터 로봇

오늘의 장사꾼
신동규
라면왕

오늘의 장사꾼
강병건
"무엇이든
만들어 드립니다"

오늘의 장사꾼
안상영
싸바싸바를 잘함

"퇴근하고 싶음"
오늘의 장사꾼
손민우

뭘 해도 될 놈
크게 될 놈
오늘의 장사꾼
임병호

오늘의 장사꾼
이성화
낭 나야
이성화

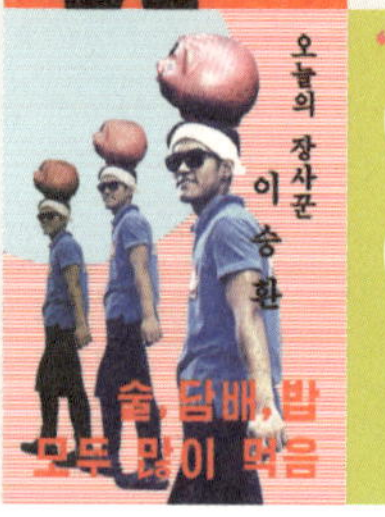
오늘의 장사꾼
이승환
술, 담배, 밥
모두 많이 먹음

"말동무 좀
해주세요"
오늘의 장사꾼
김수진

오늘의 장사꾼
구현도
"설거지만
11년2개월3일 째"
"잘 지내시죠?"
오늘의 장사꾼
최완우
동네오빠
오늘의 장사꾼
김연석
"나도 내
요리솜씨를
못 믿겠어요"
오늘의 장사꾼
이시형
오늘의 장사꾼
이영리
"나도 요리
요만큼 해요"
"아!~형!~"
오늘의 장사꾼
박우용
"내 집처럼 편히
쉬다가세요
저도 그러고
있어요"
오늘의 장사꾼
김운석
오늘의 장사꾼
김윤규
이 가게 대표
오늘의 장사꾼
나정훈
"후회없이
살아YO"
"오늘은
쉽니다"
오늘의 장사꾼
김준모
"쉬러오세요"
오늘의 장사꾼
김진영
오늘의 장사꾼
김철유
백화점 1층 향기나는
여성 좋아하는 쥬인장
오늘의 장사꾼
김형호
입만 열면
마이너스
오늘의 장사꾼
홍태경
"친구 구해요"

Thanks to…

사랑하고 존경하는 청년장사꾼에게.

아직은 부모님 품에서 편하게 공부하고, 집 밥 먹으면서 친구들과 놀러 다니기 바쁠 나이에 청년장사꾼에 들어온 우리 멤버, 가족들. 추운 겨울 손이 트고 갈라지고 피가 났다 다시 아물기를 마치 훈장처럼 생각하는 청년장사꾼들에게 대표로서 그리고 형으로서 미안한 마음 가득합니다.

이 책에 담긴 수많은 에피소드와 일들은 단순 개인의 이야기가 아니라 현재 함께하고 있는 청년장사꾼 가족들과 함께 만든 이야기들입니다. 처음 합숙을 하며 겪었던 수많은 역경과 환희 그리고 추억이 하나의 이야기로 엮여 책으로 나오게 되었습니다.

남들보다 조금 이르게 사회에 뛰어들어 현실이 어떤지를 하나씩 배워가고 있는 우리들. 우리가 걸어가고 있는 길이 남들과는 다르고, 다소 험난하기도 하지만 그 안에서 성장한 우리는 훨씬 더 큰 그림을 그리고 보다 단단한 사람이 되리라 확신합니다.

매번 화만 내고, 고맙다는 말 한마디 부끄러워 잘 하지 못하는 못난 대표이고 형이지만 잘 따라와주어 너무나 고맙고 감사합니다. 한 명 한 명의 힘이 모여 더 큰 힘을 낼 수 있도록 더욱 노력하고, 달리겠습니다. 앞으로도 잘 부탁드리겠습니다.

청년장사꾼 대표
김윤규

그리고 고마운 많은 분들에게.

얼마 전 첫눈이 왔습니다. 언제나 처음은 설레곤 합니다. 처음 창업을 결심했던 날, 처음 난로를 팔기 위해 호미곶에 갔던 날, 처음 매장을 오픈하던 날 울고 웃던 기억들이 주마등처럼 스쳐지나갑니다. 아무것도 모르면서 시작했고, 여전히 모르는 것투성이어서 실수를 반복하며, 아무것도 모르는 청년 5명이 이제는 큰 가족을 이루고 있습니다. 청년이기에 모자란 점도 많고 모르는 점도 많았습니다. 모르는 걸 물어가며 하나하나 알아가고 보완하는 시간 동안 도와주신 여러분들이 있습니다. 한 분 한 분 언급하며 감사드리는 것이 예의지만 부족한 지면 탓에 이렇게 인사를 드립니다. 다시 한 번 감사드립니다.

청년장사꾼 올림

자본도, 기술도, 빽도 없지만 우리에겐 '장사정신'이 있다!

청년장사꾼

초판 1쇄 발행 2014년 12월 22일
초판 7쇄 발행 2017년 1월 25일

지은이 김윤규＋청년장사꾼
펴낸이 김선식

경영총괄 김은영
마케팅총괄 최창규
기획·편집 한보라 **크로스교정** 박지아
콘텐츠개발1팀장 한보라 **콘텐츠개발1팀** 박지아, 봉선미, 임보윤, 이주연
마케팅본부 이주화, 정명찬, 최혜령, 양정길, 박진아, 최혜진, 김선욱, 이승민, 이수인, 김은지
경영관리팀 허대우, 권송이, 윤이경, 임해랑, 김재경
외부스태프 표지·본문디자인 엔드디자인

펴낸곳 다산북스 **출판등록** 2005년 12월 23일 제313-2005-00277호
주소 경기도 파주시 회동길 357 3층
전화 02-702-1724(기획편집) 02-6217-1726(마케팅) 02-704-1724(경영관리)
팩스 02-703-2219 **이메일** dasanbooks@dasanbooks.com
홈페이지 www.dasanbooks.com **블로그** blog.naver.com/dasan_books
종이 한솔피엔에스 **출력·제본** 갑우문화사 **후가공** 이지앤비 특허 제10-1081185호

© 2014, 김윤규＋청년장사꾼

ISBN 979-11-306-0439-8 (13320)

• 책값은 뒤표지에 있습니다.
• 파본은 구입하신 서점에서 교환해드립니다.
• 이 책은 저작권법에 의하여 보호를 받는 저작물이므로 무단 전재와 복제를 금합니다.
• 이 도서의 국립중앙도서관 출판시도서목록(CIP)은 서지정보유통지원시스템 홈페이지(http://seoji.nl.go.kr)와
  국가자료공동목록시스템(http://www.nl.go.kr/kolisnet)에서 이용하실 수 있습니다. (CIP제어번호 : CIP2014035298)

다산북스(DASANBOOKS)는 독자 여러분의 책에 관한 아이디어와 원고 투고를 기쁜 마음으로 기다리고 있습니다.
책 출간을 원하는 아이디어가 있으신 분은 이메일 dasanbooks@dasanbooks.com 또는 다산북스 홈페이지 '투고원고'란
으로 간단한 개요와 취지, 연락처 등을 보내주세요. 머뭇거리지 말고 문을 두드리세요.